世界を作り
歴史を変え
人を動かす

言霊学

島田裕巳 著

はじめに

古代の歌謡を集めた『万葉集』には飛鳥時代の歌人、柿本人麻呂の次の歌が載っている。

磯城嶋の大和国は言霊の助くる国ぞま幸《さき》くありこそ（佐竹昭広ほか校注『万葉集』（四）岩波文庫）

岩波文庫版の『万葉集』（四）では、これを訳して、「（磯城島の）大和の国、すなわち日本の国は言葉の霊が助ける国です。ご無事でいて下さい」としている。

言霊については、「言葉の霊力」であるとされ、「ある言葉を口にすると、その言葉通りのことが実現するという信仰があった」と説明されている。

人麻呂が、どのような生まれであったのかは必ずしも明らかになっていないようだが、後世には、「歌聖」と称されるようになった。人麻呂が、古代日本の歌人のなかで、もっともよく知られた存在であることは間違いがない。

優れた歌人であるからこそ、言葉の力ということについて、とくに鋭敏な感覚を持っていたはずだ。だからこそ、日本のことをさして、言霊が国を助けるとまで言い切っているのである。

この歌は、長歌のあとに添える反歌であり、長歌の方は次のようになっている。

葦原《あしはら》の　瑞穂《みづほ》の国は　神《かむ》ながら　言挙《ことあ》げせぬ国　しかれども　言挙《ことあ》げぞ我《あ》がする　言幸《ことさき》く　ま幸《さき》くませと
つつみなく　幸《さき》くいまさば　荒磯波《ありそなみ》　ありても見むと　百重波《ももへなみ》　千重波《ちへなみ》しきに　言挙《ことあ》げす我《あれ》は　言挙《ことあ》げす我《あれ》
は（同）

この歌の意味は、「葦原の瑞穂の国は、神の御心のままに、言挙げしない国。しかし、言挙げを私はする。何事も順調にお元気でいらっしゃいと、また、つつがなくご無事であられたら、（荒磯波）年月を経ても後にお目に掛かりましょうと、百重波、千重波のようにしきりに言挙げをします、私は。言挙げをします、私は」と訳される。

ここに「言挙げ」という言葉が出てくる。これには、**「言葉に出して特に言い立てること」**（『広辞苑』第五版）の意味がある。日本は本来、神の心に従っていくことを根本としており、何事についてもとくに言葉を費やして言い立てることはないということが、この長歌の前提になっている。それが国の根本のあり方であるにもかかわらず、自分は言葉を費やしてあなたの無事を祈らずにいられないというのだ。

この長歌と反歌は、遣唐使、ないしはそれに随行して中国へ渡る者に対する送別の歌として詠まれたものと考えられるが、これほど心のこもった見事な歌を贈られたとしたら、贈られた者は感涙にむせんだに違いない。今の時代と大きく異なるのは、当時、異国へ渡ることが命懸けの仕事であったことである。もう二度と、この国へは戻れないのかもしれない。それがあるからこそ、人麻呂は自らの歌の才能のありったけを尽くして惜別の歌を詠んだのだ。

ことごとしく言葉で言い立てないという国のあり方と、言葉には霊力が宿っているという信仰が、古代の日本に形成され、その伝統は現代にまで受け継がれている。言い訳することが嫌われるということも、その伝統の上にある。ところがその一方で、言葉の持つ特別な力を尊重するという姿勢は、現代でも言霊という言葉が多用されるところに示されている。

言葉は、必ずしも真実を伝えるものであるとは限らない。動物のなかにも行動で嘘をつくようなものもある。「擬態」などがその代表である。

しかし、人間以外の動物は言葉を持たないため、言葉を用いて嘘偽りを語ることはできない。嘘をつけるということは、人間がほかの動物から進化した証でもあるのだ（そこらあたりのことは、拙著『宗教は嘘だらけ』朝日新書で論じた）。嘘は見抜かれる場合もあるが、嘘が真実と見なされ、多くの人が騙されるということも珍しくない。

これは嘘とは言えないが、よく見られる現象がある。

高齢者が集まっている場で、誰かが健康法のことについて言い出す。「どうも、この方法がいいらしい」と。すると、そこに集まった人たちは、すぐにその健康法を自分でも実践するようになる。なぜ効果があるのか、それを確かめたりはしないまま、とにかくはじめてみるのだ。

それは、高齢者だけに限られない。女性たちの間で美容法が話題になれば、すぐにそれを試してみる者が必ず現れる。

人間には、言われたことをそのまま真実として受けとってしまう傾向がある。それは、絶えず新しい健康法や美容法が求められているからかもしれないが、言葉に出されてみると、人麻呂の時代の言い方なら、言挙げしてみると、それがそのまま真実と見なされてしまう傾向があるのだ。詐欺が後を絶たないのも、これが関係する。

もちろん、そうしたことは日本以外の国でも見られることだろう。言葉が力を持つのは、人類全体に当てはまる普遍的な傾向である。

しかし、日本の場合、その言葉を表現するために用いられる文字とその体系が独特である。漢字は中国から伝えられたもので、日本に独自なものではない。けれども、日本人が用いるのは漢字だけではなく、平仮名もあれば、片仮名もある。ローマ字もさまざまな形で用いられている。

しかも、漢字の読み方には、音と訓とがあり、一つの漢字がさまざまな形で読まれる。さらには漢字の音には呉音と漢音の別がある。

このような複雑な文字の体系を確立した国はほかにない。

漢文は、古代から公式な文書に用いられてきたが、返り点や一・二点といった訓点を用いて、日本語とは語順の異なる漢文を読み下す方法が発明され、用いられた。今でも、学校の漢文の授業でそれを習うことになるが、異なる国の言葉をそのまま読む方法がいかに特別なものであるか、漢文の授業で苦労している学生、生徒の頭には浮かんでこないことかもしれない。

どうしてこれだけ複雑な言葉の体系が出来上がったのだろうか。それは不思議なことだ。しかも、これだけ合理化が進んだ現代社会においても、「漢字仮名交じり」と称される日本語の表記の仕方を簡略化しようという動きは生まれていない。

一時は、漢字仮名交じりを廃止して、ローマ字表記を使おうという提言もなされた。国際化に対応するには、それが不可欠だというのだ（たとえば、文化人類学者の梅棹忠夫氏による『日本語の将来　ローマ字表記で国際化を』ＮＨＫブックス、などである）。

梅棹氏は、１９６９（昭和44）年に刊行されベストセラーになった『知的生産の技術』（岩波新書）でも、そうした提言を行っていて、カナかなタイプを推奨していた。だが、ワープロ（ワード・プロセッサー）が発明され、普及したこともあり、こうした主張は過去のものになってしまった。
あるいは、どこかの時点でローマ字表記に移行したとしたら、事態は大きく変わっていたことだろう。中国から漢字が伝えられた国は、中国を含め「漢字文化圏」と呼ばれる。日本もその一つだが、ほかの国では、その後、漢字が使われなくなっている。

朝鮮半島では、「ハングル」へと転換された。漢字も、氏名などに用いられることはあるものの、日常の暮らしのなかには登場しなくなった。私が書いた本のなかには、韓国で翻訳出版されたものもいくつかあるが、ハングルが読めない私には、自分の本が正しく翻訳されているのかどうか、それを確かめることができない。

30年ほど前に学術研究の一環としてベトナムを訪れたことがあり、地方の村にも立ち寄った。村の入り口には門があり、そこには漢字が刻まれていたのだが、村の人たちはそれがまったく読めなかった。かえって私たち日本人にはそれが読めたので、少し複雑な思いをしたことを覚えている。

漢字を生んだ中国では、依然として漢字が用いられている。ところが、今中国で用いられているのは**「簡体字」**であり、日本で今用いられている漢字とは異なっている。簡体字は、**「草書」**の要素を取り入れ、画数を少なくしたもので、覚えるのは容易である。だからこそ、国家の早急な近代化を目指した中国共産党はその普及につとめたのだ。

だが、簡体字しか知らないと、正規の漢字で書かれた昔の文章を読むことができなくなるという弊害がある。普段の生活では、たしかにその必要はないのかもしれないが、伝統を保つという面では、さまざまな問題を生むことになる。

日本では、大学入試に『源氏物語』が出題されることがある。『源氏物語』は古文としてはかなり難しいもので、成立は西暦1000年前後と言われる。今から1000年も前の文章を、高校生がそのまま読んでいるというのは、ほかの国ではあり得ないことである。

西暦1000年頃のヨーロッパでなら、学術書や文学作品は、ラテン語やギリシア語で書かれたものだった。まだ、今日のヨーロッパ諸語は確立されていなかったし、ラテン語やギリシア語が読める庶民などいなかった。そもそも庶民のあいだでは識字率そのものが低かった。

イスラム教が広がった地域においては、アラビア語で記された『コーラン』が、礼拝の際などにはそのまま読まれる。『コーラン』の成立は7世紀のこととされ、その点では『源氏物語』より古い。

しかし、アラビア語が読めるのは、子どもの頃にコーラン学校に通い、「コーラン全体」を暗記しているイマーム（導師）やウラマー（イスラム法学者）に限られる。

『源氏物語』は、さまざまな小説家や文学者によって現代語訳されており、それで読むのが一般的だろうが、なかには、原文に挑戦してみようという人たちもいる。

そんな国がどこにも存在しないことを、私たち日本人は格別意識していない。古代のものが受け継がれているのは、奈良や京都といった古都の社寺だけではないのである。

それは、日本人が日本語という言葉をいかに大切にしてきたかを示すものだと考えることもできる。

しかし、複雑な言語と表記の体系を維持してきたことの意味はそれだけではない。

言霊ということを考える上ではもっと重要なことがあるのだ。

漢字は、ただ音を伝える表音文字としても用いられるが、もともとは物の形をあらわした表意文字から発展した文字の体系である。

たとえば、「木」という漢字を思い浮かべてみればいい。それが、現実に存在する木の姿をもとにしていることは明らかである。

あるいは、「馬」という漢字も、馬の形をあらわす**「甲骨文字」**に由来する。甲骨文字は、亀の甲羅や牛の肩甲骨などに刻まれたもので、漢字の原型とされる。

こうした漢字に呪力への信仰が深くかかわっていることを明らかにしたのが、漢文学者、東洋学者の白川静氏であった。とくに、氏が晩年にあらわした『字源』は、今日使われている漢字が、甲骨文字や青銅器に刻まれた**「金文」**からどのようにして生み出されてきたかを明らかにした文字の起源についての辞書であった。

たとえば、「眉」という漢字がある。これには「目」という漢字が含まれているが、眉はその目に飾りをつけた状態を示している。目に飾りをつけるのは、もともと呪力が備わっていると考えられた目の力を強化するためだったのである。

申告や申請という際に使われる「申」という漢字は、もともとは稲妻や稲光の形を左右に並べたものがもとになっており、天の神がその威力を示したものを意味していた。

その申に、祭り事をする際に用いられる台を意味する「示」の字が加えられることで、「神（もともとは神）」という漢字が成立した。漢字の形には、その意味がそのまま示されているのである。

「楽」という漢字の場合、もともとは「樂」と書かれた。日本でも、「旧字体」から「新字体」へと漢字の簡略化が進んでいるわけだが、中国の簡体字では「乐」と表記される。

樂はもともと、どんぐりをつけた楽器の形からくるもので、金文では「[※1]」と書かれた。楽にはまだその名残があるが、乐になってしまうと、古代中国の青銅器に刻まれた金文を想像することは不可能である。

中国の簡体字は、漢字が持つ呪力を失わせることに結びついた。それは、中国が宗教的なものを否定する共産主義を志向することと関係する。それに対して、現代の日本で使われている漢字には、たとえ新字体でも、呪力の名残が明らかに示されているのである。

日本では王朝の交代が起こっていない。これに対して、中国ではそれがくり返され、しかも、漢民族の立場からすれば異民族であり、「夷狄《いてき》」とも蔑称されたモンゴルや満州族の支配も経験している。その分、古代から一貫して文明が保たれているという感覚がどうしても乏しくなる。

中国共産党ともなれば、旧来の体制を打倒することで生まれた政権であり、伝統を重視するのではなく、むしろそれを古くからのしがらみとして解体する方向を選択した。簡体字の導入も、その一環であり、日本とは漢字についての考え方が違うものになってしまったのである。

一つひとつの漢字を覚えていくという作業は容易なことではない。小学校では、学年ごとに学習する漢字が定められていて、生徒たちはその習得に苦労する。ただ、漢字を理解しなければ、日本語を操ることはできず、仕事もできない。漢字の習得は、社会生活を送る上で欠かせないことになるわけで、大人になると日本人はおおむね巧みに漢字を操れるようになる。

それは、スマホ全盛の現代においても変わらない。若い人であれば、高齢者には考えられないスピードで漢字を入力していく。漢字には、それぞれ意味があり、一つの漢字を使うだけで、何かを表現できるという利点がある。その何かには、神秘的な力も含まれるのである。

これだけ複雑な表記の体系を維持してきた日本人は、漢字をもとにして生まれた仮名についても、そこに一定の意味を見出そうとしてきた。

その代表が「いろは歌」である。仮名は47字からなるが、それを七五調の歌にしたものがいろは歌である。

いろはにほへと　ちりぬるを
わかよたれそ　つねならむ
うゐのおくやま　けふこえて
あさきゆめみし　ゑひもせす

これに漢字をあてたものがある。

色は匂へど　散りぬるを
我が世誰ぞ　常ならむ
有為の奥山　今日越えて
浅き夢見じ　酔ひもせず

全体で何か具体的なことを表現しているというわけではない。ただ、これを読んだ日本人は、日本文化の基調にある無常感が表現されているように受けとる。

このいろは歌は平安時代に成立し、空海が作者であると言われることが少なくない。

作者については明確ではなく、空海が残した著作のなかにいろは歌が登場するわけではない。ただ、いろは歌の無常観は、日本人に長く愛されてきた『般若心経』にある「色即是空」に通じる部分を持っている。

空海には、『般若心経』について注解を施した『般若心経秘鍵』という著作があり、空海のはじめた真言宗では、

『般若心経』がよく唱えられる。

空海がいろは歌を作ったというのは偽りかもしれないが、空海には『声字実相義』という、音声と文字からなる言葉について論じた書物がある。そのなかには、次の言葉がある。

所謂、声字実相とは、即ち是れ法仏平等の三密、衆生本有の曼陀なり。故に、大日如来、この声字実相の義を説いて、かの衆生長眠の耳を驚かし給う。（宮坂宥勝監修『空海コレクション』2、ちくま学芸文庫）

ここに記されていることの意味を明らかにしていくのは相当に難しいことだが、空海の言わんとするところは、言葉には宇宙の本質が宿っているということである。

空海は、遣唐使船で唐にわたり、その都であった長安で、恵果和尚から密教を学び、それを日本に持ち帰った。密教では、「真言」という呪文が唱えられる。『般若心経』でも、その最後は、至高の力を有するとされる真言で締めくくられている。

真言を唱えることによって、密教の行者は現実の世界を変え、さまざまな利益をもたらすことができる。密教が取り入れられることによって、日本の仏教の世界は席捲されるが、言葉の力、言霊への関心はよりいっそう強いものになった。言挙げせぬ国ではなく、むしろ言霊の国に変貌したのである。

この密教と深いかかわりを持つ形で誕生したのが、日本に独特な修験道である。古代から日本では、山のなかに入って修行する山岳修行が実践されていた。それを一つの体系にまとめあげたのが、7世紀末の人物とされる**役行者（役小角）**である。役行者は伝説的な存在であり、実在したかどうかが疑われることもあるものの、後に発展する修験道の開祖とされる。修験道は、山岳修行に密教が取り入れられて成立したものである。

その成立事情からも分かるように、修験道においても、各種の呪文が用いられ、言霊への強い信仰が見られる。

しかし、日本宗教の世界でもっとも力があると見なされ、また、もっとも頻繁に唱えられてきたのが、「南無阿弥陀仏」の念仏である。念仏への信仰はもともと密教の一部として日本に取り入れられた。そして、念仏は極楽往生を果たすために不可欠なものとされ、それを基盤とした浄土宗や浄土真宗以外でも唱えられることとなった。いつ死ぬか分からないという運命のなかで、念仏には来世での幸福を実現できるという希望が示されていた。その希望を現実のものとするために、人々は熱心に念仏を唱えてきたのである。

「南妙法蓮華経」の題目を唱えることを強く勧めた鎌倉時代の日蓮は、そうした念仏信仰を強く戒め、それが巷に流行している限り、日本は危ういと警告した。正しい仏教の教えは『法華経』にのみ記されているというのが、天台宗の伝統を引き継いだ日蓮の説くところではあったものの、題目を唱えるという行為は、念仏信仰への対抗意識から生み出されてきたものかもしれない。

一方、神道の世界においては、「祝詞」が唱えられるようになる。祝詞が唱えられたことについては、8世紀のはじめに成立した『古事記』や『日本書紀』の神話の部分に出てくる。

実際の祝詞の文句を示しているのが、927（延長5）年に成立した『延喜式』である。そこには、祈年祭をはじめ27の祝詞が掲載されている。

果たしてもっとも古い祝詞が、いつの時代のものであるかについては分かっていない。『古事記』や『日本書紀』でも、祝詞の文章は紹介されていない。『万葉集』が成立するのは7世紀後半から8世紀後半のこととされ、成立年代は『古事記』や『日本書紀』と併行している。祝詞は、人麻呂の歌にある「言挙げせぬ国」

とは矛盾するようにも思えるが、仏教が伝えられ、仏典に示された言葉の重要性が増していくなかで、神を祀るためには特別な言葉が必要だと認識されたのかもしれない。

神道には特定の創唱者は存在せず、それは日本に自然に発生した「自然宗教」と考えられる。自然宗教には、創唱者がいない以上、明確な教えもなく、それをつづった聖典、経典も存在しない。

だが、祝詞が唱えられるようになることで、神をどのような存在としてとらえるかが、言葉を通して表現できるようになり、神道は変容を遂げていくことになる。やがては、有力な神社を基盤に、さまざまな神道の流派が生み出された。そうした流派では、神社の由来だけではなく、教えに類するようなことも説かれるようになっていく。

これは日本に限らず、東アジア全般に見られることだが、土着の宗教、日本の場合には神道、中国や朝鮮半島の場合には道教や儒教と外来の宗教である仏教が融合するという事態が生まれた。日本のそれは、「神仏習合」と呼ばれる。

神仏習合の傾向が強まるのは平安時代になってからで、神と仏は融合し、神社に神宮寺と呼ばれる寺院が建てられたり、逆に寺院に神が勧請されて神社として祀られることが一般化する。

その際には、教えの体系を持つ仏教が優位になり、神社にしても、神宮寺の僧侶が管理するようになる。専門の神職がいる神社は限られ、「別当」などと呼ばれる僧侶が神を祀る役割を担ったのだ。その際に僧侶が唱えるのは仏教の経典であり、読経が行われたわけである。

こうした慣習は、今でも春日大社に残っており、正月2日の「日供始式並興福寺貫首社参式《にっくはじめしきならびにこうふくじかんすしゃさんしき》」では、興福寺の僧侶が春日大社に出向き、本殿の前で、興福寺が属する法相宗の教えである唯識を講じ、若宮では『般若心経』を唱える。これは、今日では極めて珍しいものだが、中世では一般的なことだった。

神仏習合という事態は中世から近世へと受け継がれていく。しかし、江戸時代になると、神道を仏教から独立させようとする動きも起こり、それは明治維新に際しての「神仏分離」に結びつく。天皇を中心とした政治体制を確立しようとした明治新政府は、神道を国民道徳の基盤に据えようとし、仏教の影響を排除しようとした。神仏分離は、神道を仏教から独立させただけではなく、「廃仏毀釈《はいぶつきしゃく》」という事態を伴った。長く融合してきた神道と仏教はそこから異なる道を歩みはじめることとなったのである。

そのなかから、「新宗教」と呼ばれる新しい宗教が出現する。時代が大きく変わるなかで、新たな神に救いを求める人々が現れた。その結果、続々と教祖が誕生していったのである。

幕末から明治にかけて登場した新宗教としては、如来教からはじまって天理教や金光教、黒住教などがあげられる。少し遅れて大本教も登場する。新宗教の教祖たちは神憑りし、神の言葉を伝えた。その神のなかには、神話に遡る伝統的なものも含まれていたが、従来は低くしか評価されなかった神が至高の価値を持つ神として新たに立ち現れることもあった。

しかも、そうした新宗教には、神仏習合の時代の影響があった。たとえば、天理教の場合、主宰神は天理王命だが、初期には天輪王とも呼ばれ、仏教の転輪王に対する信仰が影響を与えていた。神仏分離は政府の政策だが、新宗教に集まった民衆は必ずしもそれを望んではいなかったのだ。

教祖の発する言葉は、神が発したものであり、その分特別な力を持っていた。その言葉が発せられた場面に遭遇した人々は、まさにそこに神が現れたと感じたに違いない。

新約聖書の『ヨハネによる福音書』は、「世の初めに、すでに言葉（ロゴス）はおられた。言葉は神とともにおられた。**言葉は神であった**」（塚本虎二訳『新約聖書　福音書』岩波文庫）で始まるが、それは、キリスト教にだけ当てはまることではない。日本の新宗教もまた、神憑りした教祖の発する言葉から生み出されていったのである。

神は世界のはじまりを語り、その成り立ちを説いていく。そして、神を知らない者たちに対して、あるいは神を尊重しようとはしない人間たちに対して強い警告の言葉を発する。神の出現自体が世直しを意味しており、明治近代という新しい時代の出現が、民衆のなかに世直しへの願望を激しく掻き立てたのである。

明治以降の政府は、ときにそうした新宗教を取り締まり、弾圧を加えた。政府は天皇を中心とした国造りを目指し、天皇が神につらなる存在であることを強調した。そこに、それとはまったく異なる新たな神が登場すれば、体制が脅かされる危険性が生じるからである。

日本が戦争に敗れることで、「信教の自由」が確立された。それは、新たな新宗教の出現を促すことになり、力を宿した神の言葉が堂々と発せられることとなった。社会の体制が大きく変わるなかで、新たな言霊が求められたのである。

日本が「言霊の助くる国」である事態は現代にまで受け継がれた。私たちはまず、第1章から第4章にわたって、日本の宗教の世界に現れた言霊を追っていくことにしたい。

※1：使用フォント「立命館大学白川静記念 東洋文字文化研究所」

目次

第3章

神仏の言霊

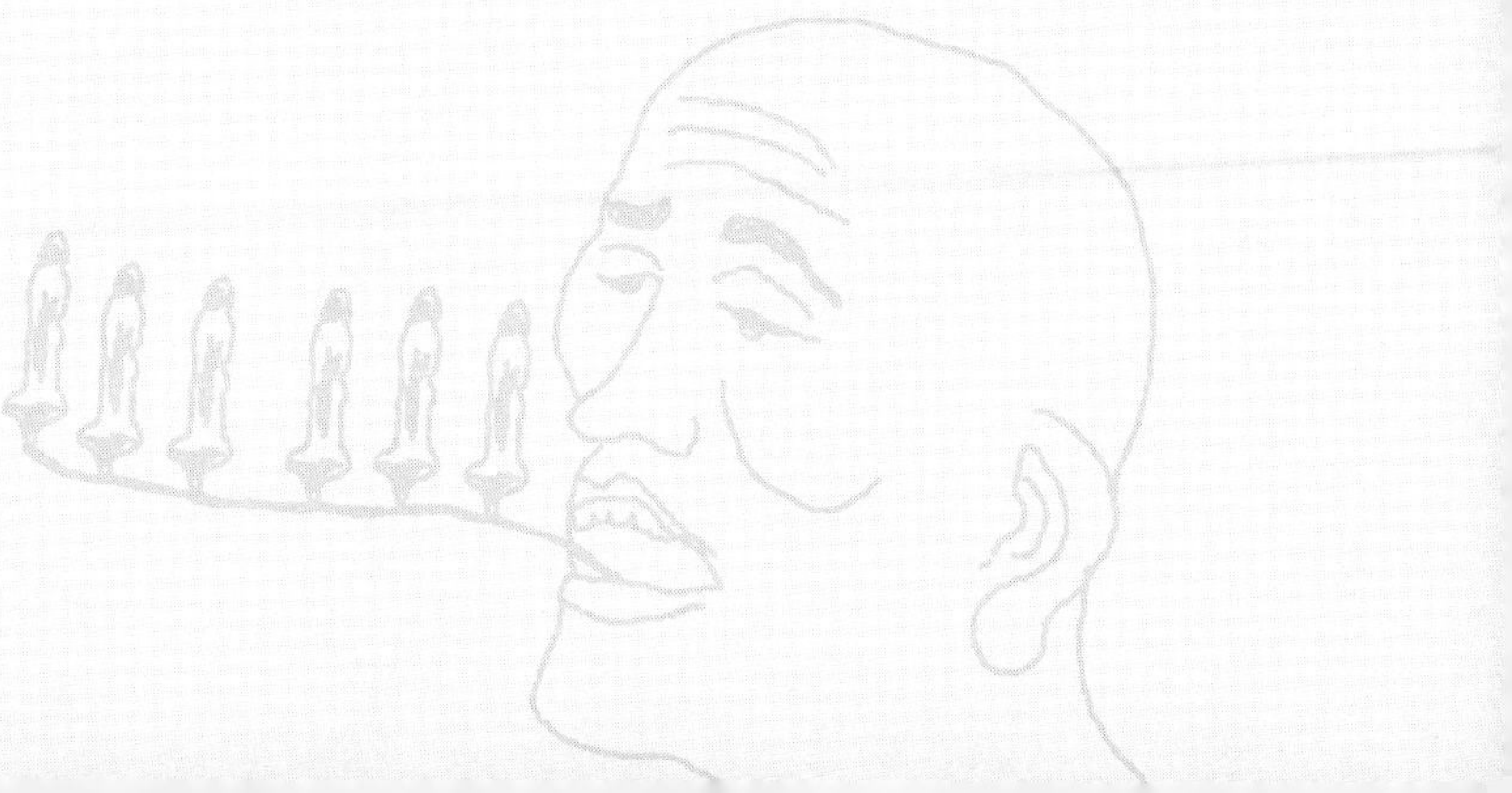

第4章 教祖の言霊

第5章

言霊としての文語

第6章 歴史のなかの言霊　169

第7章

言霊の極み

第8章

番外編　〜昭和の言霊〜　217

第1章

陰陽道・修験道の言霊

修験道については、「はじめに」でも述べた。それは、日本に伝統的な山岳信仰と仏教の密教が融合したものである。

日本で山岳信仰が発展したのは、山が神聖な世界としてとらえられ、そこで修行を実践すれば霊的な力、言霊を身につけられると考えられたからである。

こうした山についてのとらえ方は、ヨーロッパとは根本的に異なっている。ヨーロッパにおいては、山は悪魔や悪霊、魔女が棲む世界と考えられ、人々は容易にそこには立ち入らないようにしていた。キリスト教の立場からすれば、山は「異教」の世界だったのである。ヨーロッパの人々が山へ入っていくのは、近代登山が発展を見せてからである。

日本はそれとは対照的だったことになるが、山岳信仰に密教が取り入れられたことの意味は大きい。密教では、特別な呪力を持つ言葉として、真言や陀羅尼が用いられたからである。

いくら山中で修行を実践したとしても、そこで身につけた特別な力を、何らかの手段によって人々を救うことに用いなければならない。その際に「呪文」が大きな役割を果たす。厳しい修行によって強靭な肉体を備えるようになった行者から発せられる言葉は、ただそれだけで、邪なものを退散させる言霊を有していると感じさせてくれるのである。

一方、陰陽道ということになると、現在では誰もが陰陽師の安倍晴明のことを思い浮かべるであろう。映画『陰陽師』では、狂言師の野村萬斎が安倍晴明を演じた。これは、夢枕獏の小説『陰陽師』（文藝春秋）を原作としている。

小説や映画のなかに登場する晴明は、「式神」と呼ばれる鬼神を扱う超能力者のように描かれているが、平安時代に実在した人物であり、官位も従四位下、播磨守を授かっている。『安倍晴明伝説』（ちくま新書）

を書いた諏訪春雄氏は、安倍晴明は陰陽道の大家ではあるが、「ふつうの公務員であった」と指摘している。

晴明が属していたのが陰陽寮という役所になるのだが、それは陰陽、暦、天文、漏剋《ろうこく》（時刻の計測）の4つの部門に分かれていた。現在の感覚からすれば、暦、天文、漏剋は科学の領域に属するものの、占いを司る陰陽などは、怪しげな迷信ということになる。けれども、平安時代には、それが一体化していた。

晴明については、さまざまな伝説があり、それは『大鏡』をはじめ、『今昔物語』や『宇治拾遺物語』『平家物語』などに描かれている。

『宇治拾遺物語』には、次のような話が語られている。

蔵人の少将が車から降りて内裏に入ろうとしたとき、鳥に糞をかけられた。その瞬間を目撃した晴明は、その鳥が式神であることを見抜き、少将に対して、「今宵あなたは亡くなる」と警告する。その上で晴明は、少将の車に乗り込み、邸に着くと、少将をしっかりと抱いて、式神を祓うための祈禱を夜通しで行った。

これで少将の命は救われるが、翌日、少将が通っているのと同じ家の姉妹のもとに通う蔵人の五位がいて、彼がその家で冷遇されたため、少将に嫉妬し、別の陰陽師に依頼して式神を仕掛けてもらったことが、その陰陽師の使いが現れたことで判明する。晴明によって跳ね返された式神は、今度はその陰陽師を襲って殺してしまったというのである。

晴明が用いたとされる式神は、「識神」とも呼ばれる。「しきがみ」と呼ばれることもあれば、「しきのかみ」「しきじん」と呼ばれることもある。仏教の天部の神である十二神将であるともされるが、その正体ははっきりしない。諏訪氏は、式神は仏教の護法童子の影響を受けているが、直接のモデルは中国道教の役鬼だったのではないかと指摘している（前掲『安倍晴明伝説』）。

『宇治拾遺物語』に描かれていることが事実なら、晴明はとてつもなく恐ろしい力を有していたことになる。

祈禱したということは、その際に陰陽道の祈りの言葉を用いたことになる。その言葉には、相手を呪いによって殺してしまう「呪詛」の力が宿っていたのである。

現代の感覚からすれば、呪詛はただの迷信に過ぎない。しかし、晴明の時代においては、呪詛によって実際に命を絶たれることがあると考えられていた。『大宝律令』において「賊盗律」のなかに、謀反、反逆、殺人、強盗、窃盗とともに呪詛が含まれていた。呪詛を行えば、死刑に処せられる可能性さえあった。なお、1881（明治14）年に制定された旧刑法の前身にあたる「新律綱領」においてさえ、呪詛は依然として取り締まりの対象になっていたのである。

Kotodama 01

急急如律令《きゅうきゅうにょりつりょう》

陰陽師が唱える呪文である。
悪鬼を退散させるために唱えられる。

それにしても、奇妙な呪文だ。

もともとは中国の漢の時代の言葉で、意味としては、「至急律令のごとくに行え」ということだった。律令は古代の法律の体系である。法律の通りに早くやれという言葉が、呪文になったわけだ。

この呪文、陰陽師だけではなく、道家や祈禱僧、さらには修験道の山伏も呪文として使ってきた。それだけ強い効果を発揮すると考えられたからで、日本の言霊のなかでも最強と言えるかもしれない。というのも、それは、さまざまな護符にも記されているからである。たとえば、疫病除けの護符として「蘇民将来」、あるいは「蘇民将来子孫也」というものが各地に伝えられているが、その裏面には「急急如律令」と記されていることが多い。蘇民将来は、祇園信仰の牛頭天王の別名ともされる武塔神に宿を貸すことで、災厄を免れたのである。

おそらく読み方が不思議なものであるために、特別な効果を発揮するように思えたのだろう。

野村萬斎が主演した映画『陰陽師』では、彼が演じた安倍晴明が、木になった怪しげな実に紙を貼り、そこに、「呪」ではじまる呪文を書く場面が出てくるが、その呪文は、「急急如律令」で終わっていた。

そこに見られるように、「急急如律令」単独では効果を発揮しないともされてきた。そこで、ほかの呪文と組み合わせて唱えられることになるが、山伏だと、「六根清浄、急急如律令」と唱える。ほかにも、「九字の真言」が合わせて唱えられることがある。

Kotodama 02

臨《りん》・兵《びょう》・闘《とう》・者《しゃ》・皆《かい》・陣《じん》・列《れつ》・在《ざい》・前《ぜん》

　これが九字の真言である。もともと道教に由来する。道教の神仙術の書に『抱朴子』というものがあるが、そこには、「山に入るなら六甲秘祝を唱えよ。祝とは臨兵闘者皆陣列在前行なり」（内篇第四「登渉篇」）と書かれている。それが、日本では修験道などに取り入れられたのだ。

　修験道では、九字の真言は印相と結びつき、「九字を切る」といった言い方がされる。

　まず、**独鈷印を結んで口で「臨」と唱え、以下、大金剛輪印で「兵」、外獅子印で「闘」、内獅子印で「者」、外縛印で「皆」、内縛印で「陣」、智拳印で「列」、日輪印で「在」、宝瓶印（別称：隠形印）で「前」を唱える。さらに、刀印を結んでから、四縦五横の格子状に線を空中に書く。**

　この九字の真言と急急如律令が同時に出てくるのが、歌舞伎の有名な演目『勧進帳』である。

『勧進帳』は、兄の源頼朝と不和になった義経が、北国の藤原氏を頼って、そこへ逃げる途中、安宅の関にさしかかったときの物語である。能の『安宅』という演目がもとになっているが、義経とその家来、弁慶らの一行が果たして無事に関を通過することができるのか、サスペンスあふれる演目である。

義経一行は、そのとき、東大寺の大仏殿を復興するための勧進、つまりは寄付を集めて回っている山伏に身をやつしている。ところが、その情報は、安宅の関を守っている富樫左衛門には知られていて、一行は富樫から、本物の山伏であるのかどうかを問われる。二つの呪文が出てくるのは、その場面においてで、富樫は、一行を率いる弁慶に対して、いろいろなことを質問する。これは、「山伏問答」と呼ばれる。

どのような形で出てくるかを見てみよう。問答も終わりにさしかかったクライマックスの場面である。

富樫：そも〳〵九字の真言とは、如何なる義にや、事のついでに、問ひ申さん。ササ、なんと、〳〵。
弁慶：九字は大事の神秘にして、語り難き事なれども、疑念の晴らさんその為に、説き聞かせ申すべし。それ、九字真言といッぱ、所謂臨兵闘者皆陣列在前の九字なり。将に切らんとする時は、正しく立って歯を叩く事三十六度。先ず右の大指を以て四縦を書き、後に五横を書く。その時、急々如律令と呪する時は、あらゆる五陰鬼煩悩鬼、まつた悪鬼外道死霊生霊立所に亡ぶる事霜に熱湯を注ぐが如く、実に元本の無明を切るの大利剣、莫耶が剣もなんぞ如かん。（守随憲治校訂『勧進帳』岩波文庫）

ここでは、はっきりと九字の真言が急急如律令と結びつけられている。ただ、印を結ぶことははぶかれている。歌舞伎を見慣れている人たちには、お馴染みの言葉である。

急急如律令にしても、九字の真言にしても、言葉の意味はまったく重要ではない。むしろ、聞いて意味が分からない方が神秘的で、呪文にはふさわしい。

要は、それを誰が唱えるかである。陰陽師や山伏といった特別な修練を積んでいる人物が唱えることで、そこに悪鬼を退散させる力、言霊が宿っていると見なされるのである。
急急如律令は、覚えやすいので、日常生活でも使える。何か悪いことが起こったら、とりあえず、「急急如律令」と唱えてみたらどうだろうか。

九字の印

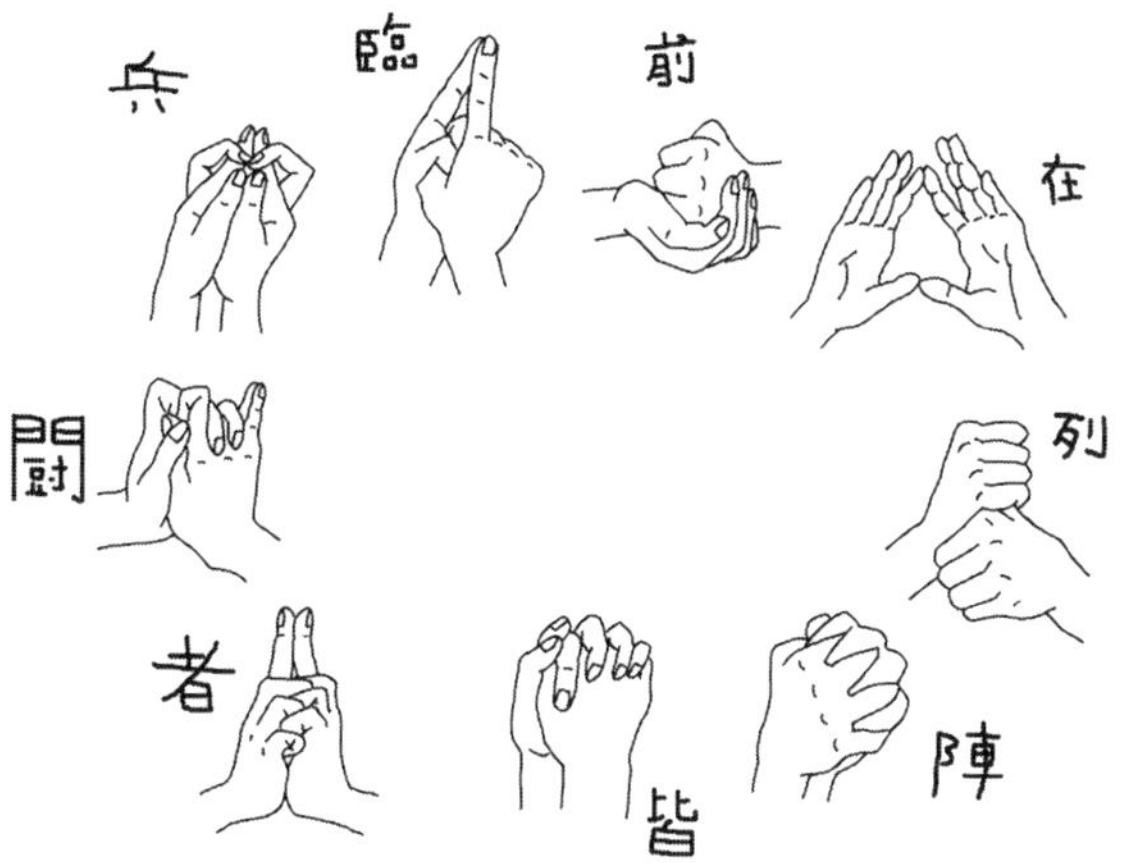

Kotodama 03

元柱固具《がんちゅうこしん》、八隅八気《はちぐうはつき》、五陽五神《ごようごしん》、陽動二衝厳神《おんみょうにしょうげんしん》、害《がい》気《き》を攘払《ゆずりはらい》し、四柱神《しちゅうしん》を鎮護《ちんご》し、五神開衢《ごしんかいえい》、悪鬼《あっき》を逐《はら》い、奇動霊光四隅《きどうれいこうしぐう》に衝徹《しょうてつ》し、元柱固具《がんちゅうこしん》、安鎮《あんちん》を得《え》んことを、慎《つと》みて五陽霊神《ごようれいしん》に願《ねが》い奉《たてまつ》るこれも、陰陽師が唱える呪文である。**陰陽師は、毎朝これを唱えることから仕事をはじめる。**

陰陽師が実践するのが、「陰陽道」だが、これはかなり不思議なものである。

陰陽道の考え方は中国の陰陽五行説に遡るが、陰陽道自体は日本で独自に発達を遂げたものである。陰陽道のなかには、天文や暦も組み込まれており、そこから方角と時間に対する強い関心が生まれた。陰陽道は、平安時代の貴族社会で流行し、強い影響力を発揮したものの、貴族社会の外には広がらず、次第に衰えていった。現在では、ほとんどその痕跡を見出すことができないので、陰陽道は謎の信仰になってしまっている。

映画のなかの安倍晴明が用いた式神のほかに、陰陽道においては、中神（天一神）、王祖神、大将軍、太白神、泰山府君、雷公、土公神、宅神といった神々が扱われ、陰陽師は、その祭祀を行った。泰山府君は、中国の道教に由来するもので、それが陰陽道に取り入れられたわけだが、ほかの神々は陰陽道に独自の神と言える。

歴史上の人物としての安倍晴明は、陰陽寮に所属する役人だった。

陰陽寮は、律令制において中務省というところに属していて、陰陽道のほかに、暦道、天文道、漏剋（時刻の計測）道を司った。要するに、天文を調べ、暦を読み、時刻を示し、さらには占いを行ったわけである。陰陽寮には、これを統括する陰陽頭などもいたが、もっとも重視されたのが陰陽の部門で、陰陽生（陰陽道を学ぶ学生）の教育にあたる陰陽博士のほか、6名の陰陽師が属していた。ほかの部門は、それぞれ博士しか属しておらず、陰陽師にあたるものはいなかった。

安倍晴明のことは、藤原道長の『御堂関白記』に出てくる。1005（寛弘2）年2月10日の項目には、「**戌剋に東三条に移徙《わたまし》を行なった。公卿十人ほどが来られた。西門に着いた後、陰陽師（安倍）晴明が来られるのが遅れた。随身に晴明を召された。その時刻の内に来た。新宅の作法を行わせた**」(藤原道長『御堂関白記』(上)倉本一宏 全現代語訳、講談社学術文庫）とある。これは、道長が東三条殿という邸宅へ引っ越しをしたときの記事である。陰陽道では、それぞれの家には「宅神」という家の神がいると考えられていて、それがそこに新しく住む人間の障りになる可能性があるので、新しくその家に入るときに新宅作法という儀式を行うことになっていた。それを司ることも陰陽師の役割だった。このとき晴明はすでに85歳になっており、その年の10月に亡くなっている。生涯を陰陽道に捧げたことになる。

「元柱固具……」以下の呪文だが、そこに登場する四柱神や五陽霊神が具体的にどの神をさすのかは分からない。その点が不思議だが、神に祈り、害気や悪鬼を払ってもらうことを願うものだということになる。

Kotodama 04

懺悔懺悔六根清浄《さんげさんげろっこんしょうじょう》

修験道の山伏たちが、山中で修行する際に、歩きながら唱える言葉である。最初の部分は、「さーんげさんげ」とした方が、実際の言い方に近い。

懺悔と言うと、キリスト教徒が自らの罪を神に対して告白することを意味するように思われているかもしれないが、仏教でも、懺悔ということは重要な意味を持っている。人間は、日々の暮らしを営むなかで罪を犯したり、穢れを被ることがある。それを神仏に浄めてもらうために、懺悔を行うわけだ。

六根清浄の六根の方は、仏教用語である。一般に、五感というものがあり、それは、視覚、聴覚、嗅覚、味覚、触覚からなっているが、仏教では、それを眼、耳、鼻、舌、身としてとらえる。眼根、耳根、鼻根、舌根、身根とも言う。それに、意識を意味する意根を加えて六根になる。

仏教は、煩悩ということを問題にし、煩悩から解放されなければ悟りはないと考える。六根は、その煩悩を生む根本的な原因になっているというわけだ。したがって、その六根を清浄にすることが求められるわけである。

面白いのは、力を入れるときのかけ声として使われる「どっこいしょ」は、この六根清浄から生まれたという説があることである。

「六根清浄」が「六根清」となり、それがなまって「どっこいしょ」になったというのだ。

ただ、どっこいしょの語源については、別の説もある。それは、日本の民俗学の創始者である柳田國男が、『毎日の言葉』という著作のなかで説いているものだ。

どっこいしょのもとは相撲で、相手の狙いをそらしたり、防ぎ止めようとする際に自然に発せられた「どこへ（何処へ）」から発生したとする。

もちろん、「どっこいしょ」という言葉を使う現代の人間が、そんな語源など意識しているはずはないし、多くの人にはその知識もない。けれども、「どっこいしょの意味は何か」と聞かれたら、ほとんどの人は答えに窮するだろう。

「どっこいしょ」が、六根清浄に遡るなら、この言葉にも言霊が宿っているとも見ることができる。

修験道は、山伏が行う修行の体系ということになる。そこには、仏教の影響とともに、日本に土着の宗教である神道の影響もある。

明治以降は、「神仏分離」という考え方が強くなり、政府の政策でもあったことから、神道と仏教は別の宗教であるという意識が強い。

しかし、明治以前の時代においては、神道と仏教が融合した「神仏習合」が基本で、両者を別の宗教として区別しようという傾向は、一部の神道家にしか見られなかった。その神仏習合の代表が修験道である。

修験道の祖は、飛鳥時代の人物である**役行者（役小角）**とされる。だが、役行者のはっきりとした来歴は分からず、神話的な人物であるとも考えられている。

ただ、修験道は日本全国に広がっており、各地には山伏が修行を行う霊山が存在している。出羽三山や白山、大峯山、石鎚山、英彦山などがその代表である。

役行者が実在の人物であるかどうかは分からないが、日本人が、相当昔から山に入り込み、そこを修行の場としてきたことはたしかである。

修験道で信仰されている存在に蔵王権現というものがある。これは、不動明王のように憤怒の相をしている。要は、怒りを顔に浮かべているわけだ。蔵王権現の特徴は、左手を腰にあてて、左足で踏んばり、右足を高く上げ、右手では三鈷杵《さんこしょ》を高く掲げているところにある。仏像の一種ということになるが、これだけ躍動感のあるものは、蔵王権現をおいてほかにない。山野を駆けめぐる山伏の姿がそこに投影されていると見ることもできる。

三鈷杵は、刃が3本に分かれた形をしており、密教法具の一種である。蔵王権現が密教法具を掲げているということは、修験道のなかに、密教の信仰が取り入れられていることを意味する。

密教では護摩を焚くが、山伏の場合、屋外に護摩壇を作り、それを用いて、「柴燈護摩」を行う。今、そのもっとも大規模なものが、新宗教の一つ、阿含宗が毎年2月11日に行っている「阿含の星まつり」である。これは、この教団の大元が修験道にあることを示している。

第2章

真言――密教の言霊

密教は、神秘主義的な仏教の教えであり、秘密仏教や真言密教とも呼ばれる。密教が誕生して以降、それ以前の一般の仏教は「顕教」と呼ばれ、密教とは区別されるようになる。仏教は、初期仏教から部派仏教、大乗仏教へと発展していったが、密教は大乗仏教の最終的な段階で登場した。とくに密教の形成に大きな影響を与えたのが、ヒンドゥー教において、シャクティ（性力）の信仰を背景に生まれた「タントラ」と呼ばれる聖典の誕生であり、それは5、6世紀にはじまるとされる。

タントラの考え方に影響され、仏教の世界でも、多面多臂《ためんたひ》の仏像が作られるようになり、不動明王などの明王像や十一面観音などの観音像が作られていった。そして、密教の経典が編纂されるようになり、その体系化が推し進められた。密教の儀式においては、曼荼羅を掲げ、その前で護摩を焚き、真言や陀羅尼を唱えるようになった。神秘的な言葉を用いることが密教の本質の一つであり、その登場は7世紀頃と言われる。

仏教における密教の展開は、初期、中期、後期の三期に分けて考えられている。初期密教は、「雑密」とも呼ばれるが、それは、体系化がまだ十分に進められる前のもので、真言や陀羅尼を唱えるだけの素朴なものであった。

本格的な密教の確立は、中期密教になってからである。中期密教においては、密教の信仰を体系化することに貢献する『大日経』や『金剛頂経』といった密教特有の経典が編纂されるようになった。中国や日本にも、この中期密教が伝えられた。

しかし、インドではその後も密教はさらなる展開を続け、ヒンドゥー教の勢力に対抗するため、それまで以上にヒンドゥー教の神秘信仰が取り入れられることで後期密教が形成されていく。後期密教は、中国や日本にはほとんど伝えられず、チベットなどに伝えられることになる。

後期密教においては、ヨーガの技法が積極的に活用され、男性原理と女性原理の融合を象徴する男女合体の歓喜仏が信仰の対象となっていった。同じ密教でも、中国や日本の密教と、色彩豊かで官能的なチベットの密教とではその内容が大きく異なっている。

仏教がヒンドゥー教を取り入れ、密教を形成したことは、その勢力を盛り返す上で効果的なものであった。密教では、現実を変える神秘的な力を発揮することができると説かれ、そのための具体的な方法を提示することができたからである。その際に、真言や陀羅尼の果たした役割は大きい。密教は言霊への信仰を基盤とした営みであるとも考えられるのである。

Kotodama 05

オン　アボキャ　ベイロシャナウ　マカボダラ　マニ　ハンドマ　ジンバラ　ハラバリタヤ　ウン

密教でもっとも重要視される「真言」が、この**「光明真言」**だ。真言は、サンスクリット語の「マントラ」に由来し、真実の言葉、秘密の言葉を意味する。要するにマントラとは、密教における呪文だ。光明真言は、サンスクリット語の発音そのままである。漢字であらわせば、次のようになる。

唵　阿謨伽　尾盧左曩　摩訶母捺囉
麼抳　鉢納麼　入縛攞　鉢囉韈哆耶　吽

漢字を見てもまったく意味が分からないが、それは中国語の性格が影響している。日本では、中国から漢字を取り入れた。それを今でも使っているが、漢字を読むために、仮名というものを発明した。「ひらがな」と「カタカナ」である。

仮名は日本独特のもので、ほかの国にはない。中国語にも韓国語にも、これがない。だから、中国では、あらゆるものを漢字を使って表現するしかない。

たとえば、日本ではコンピューターと言うが、中国では、仮名がないために、それを「電脳」と表記する。たしかに、コンピューターは電子の脳だ。日本でも、電脳という言葉が使われることがあるが、それも中国から取り入れたものだ。

電脳の場合には適訳だが、あらゆる外国語を漢字に訳し直すのは大変な作業だ。日本なら、とりあえず元の言葉を発音通りカタカナであらわせばいい。そこに、日本が西欧の文化をいち早く取り入れることができた要因の一つがある。

中国でも、発音の通りに漢字で外国語を表記することがある。音写されるのだ。その代表が真言になる。

光明真言も、サンスクリット語に遡れば、ちゃんと意味がある。それは次のように訳される。

オーム　釈迦如来よ、大日如来よ、阿閦如来よ、宝生如来よ、
阿弥陀如来よ、光を放て　フーム

このなかで、オームとフームには格別意味がないので、音のまま書くしかない。

最初に掲げた光明真言と、この翻訳したものを比べたとしたら、どうだろうか。

たしかに意味は分かるようになったけれど、その分、有り難みが薄れたように感じられるのではないだろうか。

密教の経典のなかに、不空という人が漢訳した『不空羂索毘盧遮那仏大灌頂光真言』というものがあるが、そこでは、光明真言が与えてくれる功徳について、「このマントラを聞くこと二、三遍或いは七遍すれば、よく一切の罪障を滅する云々（大日如來の光明を得て、過去の罪障一切を免れる）」と記されている。

ほかにも、前世における業（カルマ）の報いで病に倒れた人から災いを取り除く功徳があるとされている。

さらには、十悪五逆四重諸罪を犯したことで、餓鬼道や修羅道に生まれ変わった死者の罪を取り除き、西方極楽浄土に赴かせることができるともされている。

これは大変なことだ。

仏教で言われる十悪は、殺生・偸盗・邪婬・妄語・綺語・両舌・悪口・貪欲・瞋恚・邪見からなっている。生き物の命を奪うこと、盗むこと、邪な交わりをすること、嘘をつくこと、無益なことを言うこと、二枚舌を使うこと、悪口を言うこと、欲望に執着すること、怒り憎むこと、間違った見解を持つことである。

五逆は、父を殺すこと、母を殺すこと、阿羅漢を殺すこと、僧の和合を破ること、仏身を傷つけることからなる。

四重諸罪とは、出家した僧侶が犯すと教団から追放になる罪のことで、殺生・偸盗・邪婬・妄語からなる。これは、十悪と重なる。

このなかには、現代の世界なら、犯罪として捕まったり、重い刑を課せられるものが含まれている。父母を殺すことなどである。そうした罪も取り除くことができるというのだから、光明真言の威力は絶大だ。

Kotodama 06

ギャテイ・ギャテイ・ハラギャテイ ハラソウギャテイ・ボジ・ソワカ

これは、聞いたことがあるという人が多いだろう。

『般若心経』の最後の部分に出てくるもので、やはり真言だ。

意味は次のようになる。

往ける者よ、往ける者よ、彼岸に往ける者よ、彼岸に全く往ける者よ、さとりよ、幸あれ。(中村元・紀野一義訳注『般若心経・金剛般若経』岩波文庫)

今まさに往生しようとしている者に対する呼び掛けのようだが、意味は必ずしもはっきりしない。それに、『般若心経』全体の意味するところとは直接関係がないようにも見える。

『般若心経』は、『般若波羅蜜多心経』というのが正式な名称で、数ある経典のなかでも相当に短く、全体でも300字に満たない。全文をあげてみれば、次のようになる。

Kotodama 07

仏説・摩訶《まーかー》般若《はんにゃー》波羅蜜多《はーらーみーたー》心経《しんぎょう》

観自在菩薩《かんじーざいぼーさーつー》・行深般若波羅蜜多時《ぎょうじんはんにゃーはーらーみーたーじ》、照見五蘊皆空《しょうけんごーおんかいくう》、度一切苦厄《どーいっさいくーやく》。舎利子《しゃーりーしー》。色不異空《しきふーいーくー》、空不異色《くーふーいーしき》、色即是空《しきそくぜーくー》、空即是色《くーそくぜーしき》。受《じゅー》・想《そー》・行《ぎょう》・識《しき》・亦復如是《やくぶーにょーぜー》。舎利子《しゃーりーしー》。是諸法空相《ぜーしょーほーくーそー》、不生不滅《ふーしょうふーめつ》、不垢不浄《ふーくーふーじょう》、不増不減《ふーぞうふーげん》。是故空中《ぜーこーくーちゅー》、無色《むーしき》、無受《むーじゅう》・想《そー》・行《ぎょう》・識《しき》、無眼《むーげん》・耳《にー》・鼻《びー》・舌《ぜつ》・身《しん》・意《い》、無《むー》色《しき》・声《しょー》・香《こー》・味《み》・触《そく》・法《ほう》。無眼界《むげんかい》、乃至《ないしー》、無意識界《むーいしきかい》。無無明《むーむーみょう》・亦無無《やくむーむー》明尽《みょうじん》、乃至《ないしー》、無老死《むろうしー》、亦無老死尽《やくむーろうしーじん》。無苦《むーくー》・集《しゅう》・滅《めつ》・道《どう》。無智《むーちー》、亦無《やくむー》得《とーく》。以無所得故《いーむーしょーとくこ》、菩提薩埵《ぼーだいさった》、依般若波羅蜜多故《えーはんにゃーはーらーみーたーこー》、心無罣礙《しんむーけーげー》、無罣礙《むーけーげー》故《こー》、無有恐怖《むーうーくーふー》、遠離《おんりー》・一切《いっさい》・顛倒夢想《てんどうむーそー》、究竟涅槃《くーきょーねーはん》。三世諸仏《さんぜいしょーぶつ》、依般《えーはん》若波羅蜜多故《にゃーはーらーみーたーこー》、得阿耨多羅三藐三菩提《とくあーのくたーらーさんみゃくさんぼーだい》。故知《こーちー》、般若波羅蜜多《はんにゃーはーらーみーたー》、是《ぜ》大神呪《だいじんしゅ》、是大明呪《ぜーだいみょうしゅ》、是無上呪《ぜーむーじょうしゅ》、是無等等呪《ぜーむーとーどーしゅ》、能除一切苦《のうじょーいっさいくー》、真実不虚《しんじつふーこー》。故説《こーせつ》、般若波羅蜜多呪《はんにゃーはーらーみーたーしゅー》。即説呪曰《そくせつしゅうわっ》、羯諦羯諦《ぎゃーていぎゃーてい》、波羅羯諦《はらぎゃーてい》、波羅僧羯《はらそーぎゃー》諦《てい》、菩提薩婆訶《ぼじそわか》。般若心経《はんにゃーしんぎょー》

『般若心経』を唱えられるという人は少なくないが、そういう人でも、この経が何を説いているかを知る人は少ないかもしれない。

『般若心経』のなかでは、「空」や「無」という言葉がくり返されている。とくに、「色即是空、空即是色」の箇所は有名だ。

色とは、この世界に存在するあらゆるもののことを意味している。それは空である。また、空であるからこそ、世界には多様なものが現れるというわけだ。

分かったようで分からないことかもしれないが、空の考え方を前面に押し出したところに特徴がある。その観点から、大乗仏教が生まれる前の小乗仏教の教えをまっこうから否定している。小乗仏教では、苦をなくすための方法が説かれ、実践されるが、それではまったく不十分だというのが大乗仏教の考え方だ。

小乗仏教というのは、大乗仏教の側が使う「差別語」である。自分たちは大きな乗物にのっているが、小乗仏教の側は乗物が小さいとバカにしているわけだ。だから、近年では、小乗仏教という言葉は使われず、部派仏教やテーラワーダ・ブディズムという言葉が使われるようになった。東南アジアなどでは今でも信仰されているからだ。

『般若心経』は、小乗仏教の教えを全面的に否定し、空の思想の重要性を説いた上で、最後に真言を持ってくる。この真言は、ほかと比べようがないほど功徳のあるものだというのである。

『般若心経』は、多くの人が唱えているので、日本にある仏教宗派すべてで用いられているように考えられているかもしれない。

ところが、『般若心経』を認めない宗派がある。それが浄土真宗と日蓮宗だ。浄土真宗は「浄土三部経」を、日蓮宗は『法華経』を宗派の根本経典としており、『般若心経』を認めない。

ただ、浄土真宗の源流となった浄土宗では、『般若心経』を唱えることがあるようだ。ほかの宗派は、どこも密教が取り入れられているので、真言を含む『般若心経』を唱える。

禅宗の曹洞宗や臨済宗は、一見すると密教は無縁のように思われるかもしれない。けれども、禅のなかには密教の教えが取り入れられており、『般若心経』も唱えられる。

『光明真言』や『般若心経』以外にも真言の数は多い。全部を取り上げて、それに解説を加えていけば、それだけで一冊の本になってしまうだろう。だから、ここでは、主な真言だけを取り上げる。

『十三仏真言』というものがあるので、それを紹介したい。真言は、それを唱える対象となる仏が変わることで、異なるものになってくる。

●十三仏真言

一、不動明王
のうまく　さんまんだ　ばざらだん　せんだ　まかろしゃだ
そわたや　うんたらた　かんまん

二、釈迦如来
のうまく　さんまんだ　ぼだなん　ばく

三、文殊菩薩
おん　あらはしゃ　のう

四、普賢菩薩
おん　さんまや　さとばん

五、地蔵菩薩
おん　かかかび　さんまえい　そわか

六、弥勒菩薩
おん　まい　たれいや　そわか

七、薬師如来
おん　ころころ　せんだり　まとうぎ　そわか

八、観音菩薩

おん　あろりきゃ　そわか

九、勢至菩薩

おん　さんざんさく　そわか

十、阿弥陀如来

おん　あみりた　ていせい　から　うん

十一、阿閦如来

おん　あきしゅびや　うん

十二、大日如来

おん　あびらうんけん　ばざら　だとばん

十三、虚空蔵菩薩

のうぼう　あきゃしゃ　きゃらばや

おん　ありきゃ　まりぼり　そわか

登場した仏のなかで、唯一「変化《へんげ》」していくのが観音菩薩である。

したがって、観音菩薩には多くの種類があり、それぞれ真言も異なってくる。

観音の代表的なものに、「六観音」、あるいは「七観音」というものがあるので、ここでは、その真言を紹介しよう。

●七観音

聖観音
おん　あろりきゃ　そわか
千手観音
おん　ばざら　たらま　きりく　（そわか）
十一面観音
おん　まか　きゃろにきゃ　そわか
如意輪観音
おん　ばど（は）らだ　はんどめい　うん

馬頭観音

おん　あみりとう　どはんば　うん　は（ぱ）った（そわか）

不空羂索観音

おん　はんどま　だ（た）ら　あぼきゃ　じゃやでい（しゃてい）　そろそろ　そわか

准胝観音

おん　しゃれい　それい　そんでい　そわか

おん　しゃれい　しゅれい　じゅんてい　そわか

真言と似た密教の呪文に、もう一つ「陀羅尼」と呼ばれるものがある。真言と陀羅尼はともに呪文であることで共通している。違いは、陀羅尼の方が長いというところにある。

次ページで、『大悲心陀羅尼（千手千眼観自在菩薩広大円満無礙大悲心陀羅尼）』と『大金剛輪陀羅尼』をあげておこう。

Kotodama 08

千手千眼観自在菩薩広大円満無礙大悲心陀羅尼

南無喝囉怛那哆羅夜耶《なむからたんのーとらやーやー》。南無阿唎耶《なむおりやー》。
婆盧羯帝爍鉗囉耶《ぼりょきーちーしふらーやー》。菩提薩埵婆耶《ふじさとぼーやー》。
摩訶薩埵婆耶《もこさとぼーやー》。摩訶迦盧尼迦耶《もーこーきゃーるにきゃーやー》。唵《えん》。薩皤囉罰曳《さーはらはーえい》。數怛那怛寫《しゅーたんのーとんしゃー》。
南無悉吉利埵伊蒙阿唎耶《なむしきりーといもーおりやー》。
婆盧吉帝室佛囉楞馱婆《ぼりょきーちーしふらーりんとーぼー》。南無那囉《なむのーらー》。謹墀醯唎《きんじーきーりー》。
摩訶皤哆《もーこーほーとー》。沙咩薩婆《しゃーみーさーぼー》。阿他豆輸朋《おーとーじょーしゅーべん》。阿逝孕《おーしゅーいん》。薩婆薩哆《さーぼーさーとー》。那摩婆伽《のーもーぼーぎゃー》。
摩罰特豆《もーはーてーちょー》。怛姪他《とーじーとー》。唵《えん》。阿婆盧醯《おーぼーりょーきー》。盧迦帝《るーぎゃーちー》。迦羅帝《きゃーらーちー》。

夷《いー》醯《き》唎《り》。摩《もー》訶《こー》菩《ふ》提《じ》薩《さー》埵《とー》。
薩《さー》婆《ぼー》薩《さー》婆《ぼー》。摩《もー》囉《らー》摩《もー》囉《らー》。摩《もー》醯《きー》摩《もー》醯《きー》唎《りー》馱《とー》孕《いん》。
俱《くー》盧《りょー》俱《くー》盧《りょー》羯《けー》蒙《もー》。度《とー》盧《りょー》度《とー》盧《りょー》罰《ほー》闍《じゃー》耶《やー》帝《ちー》。
摩《もー》訶《こー》罰《ほー》闍《じゃー》耶《やー》帝《ちー》。陀《とー》囉《らー》陀《とー》囉《らー》。地《ち》利《り》尼《にー》。室《し》佛《ふ》囉《らー》耶《やー》。
遮《しゃー》囉《ろー》遮《しゃー》囉《ろー》。摩《もー》摩《もー》罰《はー》摩《もー》囉《らー》。穆《ほー》帝《ちー》隸《りー》。
伊《ゆー》醯《きー》伊《ゆー》醯《きー》。室《しー》那《のー》室《しー》那《のー》。阿《お》囉《ら》參《さー》佛《ふ》囉《ら》舍《しゃー》利《りー》。罰《はー》沙《ざー》罰《はー》參《ざー》。佛《ふ》囉《ら》舍《しゃー》耶《やー》。
呼《くー》盧《りょー》呼《くー》盧《りょー》摩《もー》囉《らー》。呼《くー》盧《りょー》呼《くー》盧《りょー》醯《きー》利《りー》。娑《しゃー》囉《ろー》娑《しゃー》囉《ろー》。
悉《しー》利《りー》悉《しー》利《りー》。蘇《すー》嚧《りょー》蘇《すー》嚧《りょー》。菩《ふ》提《じ》夜《やー》菩《ふ》提《じ》夜《やー》。
菩《ふ》馱《ど》夜《やー》菩《ふ》馱《ど》夜《やー》。彌《みー》帝《ち》唎《り》夜《やー》。那《の》囉《ら》謹《きん》墀《じー》。
地《ち》利《り》瑟《しゅ》尼《に》那《のー》。婆《ほ》夜《や》摩《も》那《の》。娑《そ》婆《も》訶《こー》。悉《し》陀《ど》夜《やー》。
娑《そ》婆《も》訶《こー》。摩《も》訶《こ》悉《し》陀《ど》夜《やー》。娑《そ》婆《も》訶《こー》。悉《し》陀《ど》喩《ゆー》藝《きー》。

室《し》皤《ふ》囉《らー》夜《やー》。娑《そ》婆《も》訶《こー》。那《の》囉《ら》謹《きん》墀《じー》。娑《そ》婆《も》訶《こー》。
摩《もー》囉《らー》那《のー》囉《らー》。娑《そ》婆《も》訶《こー》。悉《し》囉《ら》僧《すー》阿《お》穆《も》佉《ぎゃー》耶《やー》。
娑《そ》婆《も》訶《こー》。娑《そ》婆《ぼ》摩《も》訶《こ》悉《し》陀《どー》夜《やー》。娑《そ》婆《も》訶《こー》。
者《しゃ》吉《き》囉《らー》阿《お》悉《し》陀《どー》夜《やー》。娑《そ》婆《も》訶《こー》。波《ほ》陀《ど》摩《も》羯《ぎゃ》悉《し》陀《どー》夜《やー》。
娑《そ》婆《も》訶《こー》。那《の》囉《ら》謹《きん》墀《じー》皤《はー》伽《ぎゃ》囉《ら》耶《やー》。娑《そ》婆《も》訶《こー》。
摩《もー》婆《ほ》唎《り》勝《しん》羯《ぎゃ》囉《ら》耶《やー》。娑《そ》婆《も》訶《こー》。南《な》無《む》喝《か》囉《ら》怛《たん》那《のー》哆《と》羅《ら》夜《やー》耶《やー》。
南《な》無《む》阿《お》唎《り》耶《やー》。婆《ぼ》盧《りょ》吉《きー》帝《ちー》。
爍《し》皤《ふ》囉《らー》耶《やー》。娑《そ》婆《も》訶《こー》。悉《し》殿《て》都《どー》。漫《も》哆《ど》囉《らー》。跋《ほ》陀《ど》耶《やー》。娑《そー》婆《もー》訶《こー》。

大金剛輪陀羅尼

曩莫《なまく》　悉底哩也《しちりや》　地尾迦喃《じびきゃなん》　薩嚩《さるば》　怛他蘖哆喃《たたぎゃなん》
唵《あん》　尾囉爾《びらじ》　尾囉爾《びらじ》　摩賀《まか》　作訖囉《しゃきゃら》
嚩日哩《ばしり》　娑哆《さた》　娑哆《さた》　娑囉底《さらてい》　娑囉底《さらてい》
怛囉以《たらい》　怛羅以《たらい》　尾駄麼儞《びだまに》
三畔若儞《さんばんじゃに》　怛囉摩底《たらまち》
悉駄儗哩曳《しったぎれい》　怛覧《たらん》　娑嚩賀《そわか》

日本で真言宗を開いた空海の著作『声字実相義』では、次のように説かれている。

名の根本は、法身を根源とす。彼より流出して稍《ようや》く転じて世流布の言と成るまくのみ。（前掲『空海コレクション』2）

昔の言葉なので、理解が難しいが、その意味は次のようなものである。

言葉の根本は、すべて永遠の真理である大日如来を源とするものである。そこから流れ出し、最後には私たちが日常生活で使っている言葉になるのである。（私訳）

これは、密教を究めた空海ならではの発言だ。密教で信仰の対象となる大日如来から発した言葉を私たちが用いているという指摘は興味深い。それは、日常使われる言葉が、そのまま言霊であることを意味することになるからだ。

密教は、もともとはインドで生まれたものだ。インドでは、一時仏教が盛んになるが、次第に土着のヒンドゥー教に脅かされるようになっていく。仏教は、人間は平等だという考え方を強く打ち出すが、それは、インドのカースト社会とは根本から対立するからである。

そのなかで、仏教は生き残りをかけて、ヒンドゥー教のなかの神秘主義の教えを取り入れて、それで密教を作り上げた。その密教が中国に伝えられ、平安時代には日本にももたらされる。

中国から日本に最初に密教を持ってきたのが、最澄と空海だ。二人は同じときの遣唐使に従って中国に渡った。最澄は、『法華経』がもっとも優れた経典だと考えていて、これを重視する天台宗の教えを学んだ。ところが、日本に帰国する直前で、中国で密教が流行していることに気づき、それで慌てて密教を学んだ。

それに対して、空海は、遣唐使とともに当時の唐の都である長安に行き、そこで密教の教えを正しく伝えてきた恵果という僧侶と出会う。その恵果から空海は、密教を体系的な形で学ぶことに成功する。

ただ、日本に帰国したのは最澄の方が早かった。そのため、日本で最初の密教の儀式、「灌頂」を行ったのは最澄の方だった。最澄に、灌頂を行うよう要請したのは、平安京を開いた桓武天皇だった。そこには、密教がいかに新しい仏教の教えとして期待を集めたかが示されている。最澄も、そんなに密教が注目されるとは考えていなかったかもしれない。

やがて空海が帰国した。空海は、最澄以上に本格的な形で密教を学んできたので、瞬く間にその存在は注目され、それにともなって密教の教えが日本の仏教界に浸透していくことになる。最澄も、自分の密教の理解が十分でないと考え、空海に学ぶようになる。

それ以降、日本の仏教界では密教が大流行し、猫も杓子も密教という時代が訪れる。それだけ、密教には効力があると信じられたのだ。

それも密教の儀礼が、それまでの仏教の儀礼とは異なり、神秘的で、現実を変える力があると考えられたからだ。たしかに、曼陀羅を掲げて護摩を焚く光景は、それまで日本人がまったく知らなかったものだ。そのなかで唱えられる真言は、意味がまったく分からないものである分、特別な力を持っているのではないかと思わせたのである。

最後に、真言のなかでももっとも神秘的なものをあげておこう。

Kotodama 10

ノウマク・サマンダ・ボダナン・キリカ（キリカク）・ソワカ

これは**荼枳尼天の真言**である。荼枳尼天は、荼吉尼天と書かれることもあるし、吒枳尼天、さらにはダキニ天とも書かれることがある。

荼枳尼とは、サンスクリット語のダーキニー（Ḍākinī）を音写したもので、ダーキニーとは、インドの魔女のことである。ダーキニーは、裸身で天空を駆け、人肉を食べるというから、かなり恐ろしい存在である。

それが仏教にも取り入れられ、日本では、稲荷神と習合するようになる。稲荷神は、もともとは稲作を司る神だったが、後にそれが与えてくれる功徳はさまざまな方面に及んでいき、商売繁盛の神などとして祀られるようになる。習合とは、異なる神や仏が一体のものとして考えられるようになることを言う。

その点で、荼枳尼天は庶民の神になったとも言える。だが、一方で、恐ろしい魔女としての性格も残っていて、そこから、「辰《しん》狐《こ》王《おう》菩薩」、あるいは、「貴《き》狐《こ》天皇」としても祀られるようになる。

そして、中世においては、天皇の「即位灌頂」において、荼枳尼天の真言が唱えられるようになるのだ。天皇が即位するときの儀礼としては、「大嘗祭」のことがよく知られている。これは、新しい天皇が神とともに、その年の新穀を食べる儀式であり、現在も受け継がれている。

ところが、大嘗祭はとても規模が大きな儀礼で、もっとも派手な時代には4000人の行列を組んで、その年の新穀を大嘗祭が行われる宮中にまで運び込むということが行われた。

それは相当に費用がかかることである。おそらくそのこともあり、経済力が衰えた朝廷では、中世から近世にかけて、大嘗祭を行わない、あるいは行えない時期がかなり長期にわたって続いた。大嘗祭に比較したとき、即位灌頂は、天皇が儀式の作法を学んでいる公家から印相の結び方と真言の唱え方を教えられ、それで営むものなので、規模は圧倒的に小さい。

ただ、そこには、経済的な問題だけではなく、密教が広範囲に信仰を集めていたことが関係していたであろう。

即位灌頂には、さまざまなやり方があるが、そのなかに、荼枳尼天の真言を唱えるものがあった。なぜ、そうなったのか、はっきりとした理由は分からないが、天皇の即位に不可欠と考えられたわけだから、荼枳尼天の真言には絶大な効果があると考えられたことになる。

新しい天皇に、それにふさわしい力を与える。真言は、それほど重要なものとして扱われたことになる。それも、真言には強力な言霊が宿っているからである。

第3章

神仏の言霊

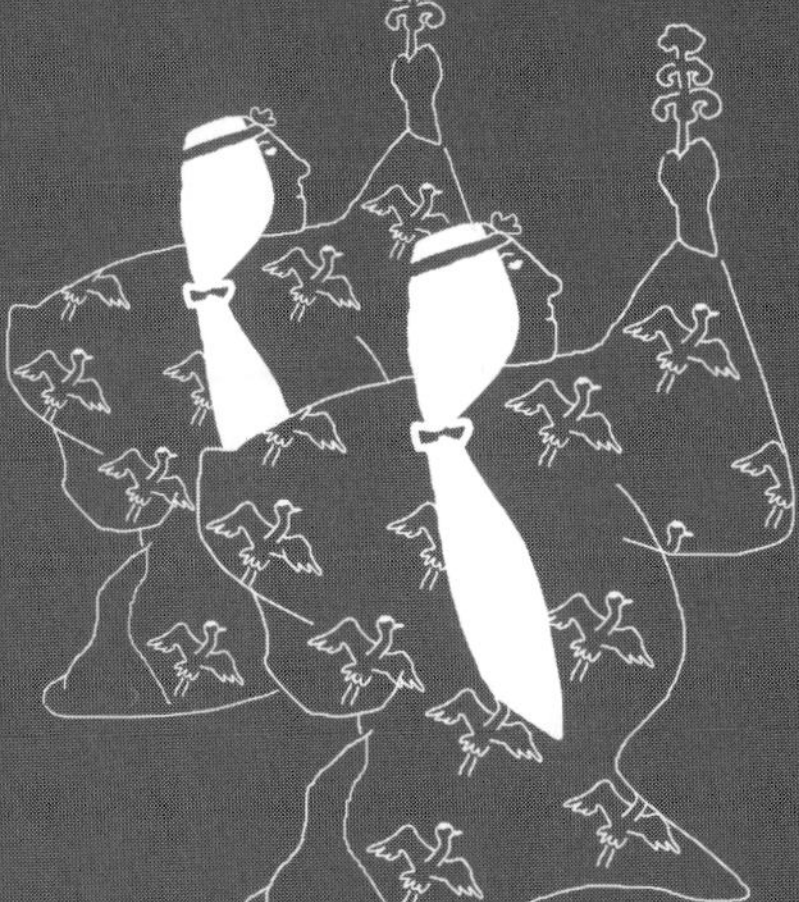

仏教の世界において、言葉に霊力が宿っているのは、何も密教には限られない。顕教の世界にも言霊は見られる。

その代表が「南無阿弥陀仏」の念仏と「南妙法蓮華経」の題目である。いったいこれまで念仏と題目はどれだけの数唱えられてきただろうか。

極楽往生を願う念仏は、実に多くの場で唱えられてきた。葬儀や法事はもちろん、村には「念仏講」と称される集まりもある。高齢者にとって、念仏講に参加することは、自らの極楽往生を願うことであるとともに、仲間との安らぎを得るためであった。

一方、題目の方は、法華信仰、日蓮信仰を持つ人々に限定されるのかもしれない。南妙法蓮華経の題目を唱える習わしは平安時代の比叡山にはじまるとされる。比叡山は、最澄が建立した天台宗の総本山であり、天台宗がもっとも重んじる経典が『法華経』である。その『法華経』の経題を唱えることで、僧侶たちは国家の安寧、天下太平を祈ったのである。

その題目をひたすら唱えることを重視したのが鎌倉時代の日蓮である。日蓮は、浄土教のような間違った教えが世に広まっている限り、この国は危ういと警告した。もちろん、それは日蓮の考え方であり、浄土教の信仰を持つ者は日蓮に敵対した。

そのため日蓮は二度も流罪に処せられた。ただし、それを生き延びた。過酷な環境のなかで題目を唱え続けることが、その命をつなぐことに結びついたのであろう。日蓮以降、題目の信仰は徐々に広がりを見せていくことになる。

念仏と題目に比べた場合、「南無遍照金剛」と唱えられることは少ないかもしれない。だが、四国巡礼のお遍路にとっては、弘法大師を近くに感じる上で欠かせない言葉である。

短い唱え言葉は、いついかなる場合にも唱えることができる。それは唱える人間に気力を与え、勇気をもたせる働きをする。だからこそ、日本の人々は、念仏や題目をひたすら唱え続けてきたのである。

不思議なことに、神に対してということになると、日本には祈りの言葉が存在しない。祝詞は神主が唱えるものであり、一般の信徒がそれをあげることは少ない。ただ、それぞれの神社に専門の神主が常駐していなかった近代以前には、村の代表者が交代で神主を勤め、その際には伝えられてきた祝詞をあげた。その風習が今も残っている地域はある。

なぜ神に対する祈りの言葉が存在しないのか。それは不思議でもある。それぞれの宗教には、キリスト教でもイスラム教でも、祈りの言葉がある。

日本の場合には、「無心」ということが強調されてきたことが、祈りの言葉を生まないことに結びついたのかもしれない。心を無にして神と相対する。それが日本人の考えた祈りの手立てなのである。

逆に、神職は祝詞をあげる行為を独占することで、自分たちの存在価値を高めてきたと見ることもできる。

神道の世界において重要なのは、神自身が発した言葉である。それは、託宣という形をとり、依代となった人物、巫女などによって伝えられる。神は姿を見せることはないものの、託宣を通して自らの意志を人間に明かしてきたのである。

神の言葉は威厳を持ち、ときに人を叱責する。その言葉に従わなければ、神は人を許さない。そうした場面が訪れることもある。神は、人間に対して必ずしも優しく接してくれるわけではない。その厳しさが、逆に神を崇める気持ちを人に抱かせることになる。

Kotodama 11

南無阿弥陀仏《なむあみだぶつ》

南無阿弥陀仏は念仏と言われる。6文字からなっていることから、「六字名号」とも呼ばれる。名号というのは仏の称号のことだ。

南無阿弥陀仏の「南無」は、サンスクリット語がもとになっている。サンスクリット語では、ｎａｍａｓ、ｎａｍｏ、ｎａｍａｈなどと言う。これは、敬意を表すためにからだを折り曲げること、つまりは帰依することを意味する。これを音写したのが南無だ。

したがって、南無阿弥陀仏とは、阿弥陀仏に帰依することを意味する。

南無阿弥陀仏をそのまま読めば、「なむあみだぶつ」になるが、唱える言葉なので、次のように読み方はさまざまだ。

なんまいだー
なんまんだぶつ
なんまんだー

鎌倉時代には、「なもあみだぶ」と発音したらしい。それぞれ口に出して唱えてみると、自分にとって一番しっくりするものが見つかるだろう。

日本には多くの宗派があるが、そのなかで念仏をとくに重視するのが、浄土宗や浄土真宗、あるいは時宗といった浄土教信仰を中心とした宗派だ。こうした宗派のお寺では、阿弥陀仏が本尊として祀られていることが多い。

ただし、死後に西方極楽浄土に往生するという浄土教信仰は、宗派を超えて日本社会全体に広まっている。そのため、死者を弔う際に念仏が唱えられることが多い。考えてみれば、念仏以外に死者を弔う言葉はないのかもしれない。

南無阿弥陀仏だと、帰依する対象は阿弥陀仏であり、一般に念仏と言ったときには、主にこれをさす。けれども、念仏の対象は本来、阿弥陀仏には限られない。ほかの仏を対象にしてもいいわけで、たとえば、「南無釈迦牟尼仏」と唱えることも念仏である。南無阿弥陀仏だけをさすときには、「称名念仏」という言葉が使われる。

この念仏を最初日本に伝えたのは、円仁という天台宗の僧侶である。

真言について述べたところでもふれたが、日本に密教が伝えられたのは平安時代のことになる。その際、天台宗を開く最澄と真言宗を開く空海がともに密教を日本にもたらした。

ところが、最澄の方は、空海に比べたとき、密教の教えを詳しくは学んでこなかった。その結果、少なくとも密教を取り入れるということで、天台宗は真言宗に遅れをとってしまった。

そこで、最澄の弟子だった円仁や、あるいは円珍といった天台宗の僧侶が改めて唐にわたり、密教を本格的に学んできた。円仁の場合には、唐の国で、仏教を排斥する「廃仏」に巻き込まれたため帰国が遅れ、結局は9年間も唐にとどまることになってしまった。

円仁や円珍は、帰国した後、天台宗のトップである天台座主になるが、彼らのおかげで、天台宗でも真言宗に劣らない形で密教を取り入れることに成功する。それだけ、密教に対する関心が強く、天台宗としては是が非でも本格的に密教を取り入れる必要があったのだ。

円仁が伝えたのが、「不断念仏」と呼ばれる儀式、あるいは修行の方法だった。これは、僧侶が交代しながら阿弥陀経を唱え、阿弥陀仏をこころのなかで念じ続けるものである。

それが、天台宗の総本山である比叡山では、「常行三昧」という修行の方法に発展した。常行三昧は、90日間にわたって、こちらは一人で、阿弥陀仏の像のまわりを歩き廻り、口では念仏を唱え、こころには阿弥陀仏を念じるものである。

常行と言われるのは、昼夜を分かたず24時間行うものだからだ。本尊の周囲には手すりがあり、疲れたときはこれを頼りに歩く。また、休むときは、天井から吊り下げられた紐につかまって休む。決して坐ることはない。こうなると、密教の過酷な修行ということになる。ただ、これだとよく知られた念仏のイメージとはかけ離れている。

それを、死後に西方極楽浄土に往生するための方法として取り入れたのが融通念仏宗という念仏の宗派を開いた良忍という僧侶である。

さらにそれを法然が受け継ぐことになる。法然は、円仁を尊敬しており、南無阿弥陀仏をひたすら唱えることで往生を果たそうという「専修念仏」の教えを説いた。これが、日本の社会に念仏を浸透させていくことに大きく貢献した。法然が活躍したのは鎌倉時代である。念仏の信仰が生まれる背景には、当時の社会状況が関係していた。

日本では、平安時代の終わりから、「末法」の時代が訪れたと考えられるようになった。

仏教の世界では、開祖である釈迦が亡くなった後の時代は、正しい法、正しい教えが伝わっていて、悟りを開く人間が次々と現れると考えられた。これを「正法」の時代という。

正法の時代は500年、あるいは1000年続くことになるが、次には「像法」の時代が訪れる。像というのは似ているという意味だが、像法の時代になると、正しい教えは伝えられていて、悟りを開くために修行する人間は現れても、悟る者は生まれないとされた。救いを得ることが難しくなったわけだ。

像法の時代も500年、あるいは1000年続くとされ、その後に訪れるのが末法の時代である。末法の時代になると、釈迦の説いた教えはあるものの、悟りを開く人間はもちろん、それを目指して修行する人間もいなくなるとされた。

この末法の考え方は中国で生まれたもので、それが日本にも伝えられた。日本では、平安時代の終わり、1052年から末法の時代に入ったとされた。当時は、日本に仏教が伝えられたのは553年と考えられていて、それから500年が経つ時点で、末法の時代に入ったと考えられたのだ。

現世に生きていても、救いの手段がない。それが末法の時代である。ならば、来世で救われたい。浄土教信仰が末法の時代に広まったのも、そうした願望が生まれたからである。

現代人の感覚では、現世に生きることの方が楽しく、そこを脱して極楽浄土に生まれ変わりたいとは考えない。

けれども、昔は、戦乱や飢饉もあり、現世に生きること自体が大変なことだった。とくに平安時代末期からはそうだった。そうした状況が生まれたからこそ、来世にはよりよい世界に赴きたいという願望が生まれ、浄土教信仰を説く人間たちは、そうした人々の期待に応えようとしたのである。

では、なぜ南無阿弥陀仏と唱えることで、極楽往生ができるのだろうか。

基本的には阿弥陀仏が西方極楽浄土の本尊だからだが、法然は念仏の功徳を理論的に説明しようとした。その際に法然が注目したのが、『観無量寿経』というお経だった。法然は、43歳のときに、中国の善導という僧侶の『観無量寿経疏』(『観経疏』)という書物に出会う。『観経疏』は、『観無量寿経』の注釈書だった。

『観無量寿経』では、釈迦が王舎城の耆闍崛山《ぎじゃくっせん》というところで説法していたという設定がとられている。そこには、大比丘衆1250人とともに3万2000の菩薩が列席していた。

その後、『観無量寿経』では、かつてその王舎城にいた阿闍世という王子の話になっていく。阿闍世は、調達という悪友にそそのかされて、父親の頻婆娑羅王《びんばしゃらおう》を幽閉し、餓死させようとする。大罪を犯しそうになったわけだ。

すると、王の后である韋提希夫人《いだいけぶにん》は、水浴して身を清め、精製したバターに乾した飯の粉末を混ぜたものを身体に塗り、ひそかに王が幽閉されている場所にもぐりこむ。王に身体をなめさせ、餓死しないようにしたのだ。これは、お経らしからぬ相当にエロチックな場面だ。

『観無量寿経』では、阿闍世の物語を踏まえて、釈迦が行った説法のなかに、次のような箇所が出てくる。

「かの仏国土に生まれたいと思う者は、三つの福利を修めなければならない。一つには、父母に孝養をつくし、師につかえ、慈しみの心を持って生けるものを殺さず、十種の善行を行うこと、二つには、仏法僧の三宝に帰依し、多くの倫理的規定を守り、誇りを失わないこと、三つには、覚りに向かうという願いをおこし、深く因果の道理を信じ、大乗経典を読誦し、他の人たちにもこの道を勧めること、このような三つのことを名づけて清らかな行ないというのだ」（中村元・早島鏡正・紀野一義訳註『浄土三部経』下、岩波文庫）

この部分を読んで、多くの人は、いかにもお経に説かれていそうなことだと思うかもしれない。けれども、とくに「父母に孝養をつくし、師につかえ」という戒めの部分は中国人の発想にもとづくものである。それは、儒教で説かれる徳目と重なる。

それを踏まえ、『観無量寿経』は、インドで作られたものではなく、中国で作られたのではないかとも言われる。実際、中国語の漢訳はあっても、今のところサンスクリット語の原本は発見されていない。

この『観無量寿経』の中心的な部分で説かれているのが16の観想の方法についてである。

観想というのは、仏教の初歩的な瞑想法とも言えるもので、仏の姿や浄土の光景を思い浮かべることによって、自らの罪を滅ぼし、極楽浄土へ往生することを目指すものである。

このように、『観無量寿経』は、極楽往生するためにどういった方法があるのか、それを具体的な形で示しているわけだが、そのもとになる考え方は、『無量寿経』の方に示されている。『観無量寿経』と『無量寿経』、それに『阿弥陀経』を加えたものが「浄土三部経」で、浄土教信仰の聖典となった。

『無量寿経』の場合には、『観無量寿経』とは異なり、サンスクリット語の原本が存在している。だから、インドで作られたものであることは明らかだ。

『無量寿経』でも、釈迦は、王舎城の耆闍崛山にいて、数多くの弟子と菩薩に囲まれている。ところが、その日の釈迦の姿が大変麗しく見えたので、弟子の阿難尊者がそのわけを尋ねる。すると釈迦は、法蔵菩薩の話をはじめる。

昔、世自在王という仏がいた。ある国王が世を捨て、世自在王の弟子になって法蔵菩薩と名乗っていた。法蔵菩薩は、仏を褒めたたえた上で、すべての衆生を救いたいと言い出す。すると、世自在王は数々の仏の国を示してくれた。法蔵菩薩はそれについて五劫という途方もなく長いあいだ考え続け、48の誓いを立て、修行を重ねることによってこれを実現した。

一劫とは、一つの宇宙が生まれて消滅するまでの時間を言う。途方もない長さだが、それがインドの時間感覚の特徴だ。

それは、十劫というとてつもない昔のことで、今、その法蔵菩薩は西方の安楽という世界にて、無量寿仏になっている。

この無量寿仏が阿弥陀仏のことになるわけだが、阿弥陀仏が法蔵菩薩であったときに立てた48の誓いは、「四十八願」と呼ばれる。それが、阿弥陀仏の「本願」であるとされた。

本願とは、仏が立てた誓いのことをさし、法然の著作である『選択本願念仏集』のタイトルにも含まれている。さらには、浄土真宗の本山である本願寺の名称にもなっている。これは、日本の浄土教信仰の世界において、本願という言葉がいかに重要な役割を果たしてきたかを示している。

では、その四十八願とはどういったものなのだろうか。

その第一願は、「たとい、われ仏となるをえんとき、国に地獄、餓鬼、畜生あらば、（われ）正覚を取らじ」（同）というものである。

法蔵菩薩は、自分が仏になる機会に恵まれたとしても、世の中に、地獄、餓鬼、畜生の世界に迷っている者がいるとしたら、自分だけが先に悟りを開いたりはしないと誓っているのである。残りの47の願いも同じような形をとっている。なかでも日本の浄土教信仰の世界でもっとも重視されたのが、そのうちの第十八願である。

この第十八願は、「**たとい、われ仏となるをえんとき、十方の衆生、至心に信楽《しんぎょう》して、わが国に生れんと欲して、乃至十念せん。もし、生れずんば、正覚を取らじ。ただ、五逆（の罪を犯すもの）と正法を誹謗するものを除かん**」（同）というものである。

あらゆる衆生が、西方極楽浄土に行きたいと考え、自分が立てた誓いを信じ、少なくとも十回、自分の名を唱えたとして、それでも往生できないというのであれば、自分は悟りを開いて仏になってしまったりはしないというのである。

ここで、名を唱えるとされている部分は、法蔵菩薩、つまりは阿弥陀仏の名前であるわけだから、「南無阿弥陀仏」のことをさしている。つまり、この部分において、念仏の決定的な重要性が説かれているわけだ。そのために、日本の浄土教信仰においてもっとも重要な教えとされてきたのである。

浄土真宗においては、この第十八願こそが、阿弥陀仏の本願中の本願である「王本願」であるとされ、すべての衆生が念仏さえ唱えれば救われる根拠と考えられている。阿弥陀仏が、こうした本願を立てている以上、衆生が救済されることはすでに定まっている。人間の側は、阿弥陀仏にすべてを委ね切ればいい。これこそが、浄土真宗で説かれる「他力本願」の教えなのである。

他力本願という言葉を辞書で引いてみると、二つの意味が出てくる。

一つは、阿弥陀仏の本願に頼って衆生の側が成仏を願うこととされる。もう一つは、そこから転じて、もっぱら他人の力をあてにすることが他力本願であるとされる。

一般に他力本願という言葉は、後者の意味で使われることが多い。だが、浄土真宗の教義からすれば、それはとんでもない誤解であることになる。

なお、この第十八願では、終わりのところに、「ただ、五逆(の罪を犯すもの)と正法を誹謗するものを除かん」(同)という言葉が入っている。

ここで言う五逆とは、父母や僧侶を殺したりする大罪のことである。それとともに、正しい仏法を誹謗中傷した人間のことが、救済の対象となる衆生のなかからは除外されている。

こうした除外規定は、ほかの四十七の願にはない。また、サンスクリット語の原本にも出てこない。つまり、漢訳において、はじめて付け加えられた事柄なのである。中国人の感覚では、儒教の徳目である「孝」の対象となる親殺しなどは、どうしても救われないというわけである。

念仏が唱えるものであるだけに、それは芸能に結びつきやすい。

名高いのは、鎌倉時代の一遍の場合だ。

一遍は、法然や親鸞のように比叡山にのぼって仏法を学んだ学僧ではなかった。いったん出家したものの還俗し、家庭生活を送った後に、再び出家し、全国を遊行して周った。その際に、「南無阿弥陀仏」と記した札を配り続けた。

一遍は、旅の途中から、それに「決定《けつじょう》往生／六十万人」と付け加えた。60万人とあるのは、この札を配る人数の目標だった。決定というのは、念仏を唱えれば、往生は間違いないということである。

一遍は、そうした遊行の最中に、「踊り念仏」をはじめる。これは、一遍をはじめ僧侶や尼が集まって、集団で踊りながら念仏を唱えるものである。

その光景は、一遍の旅を描いた『一遍聖絵』に描かれている。注目されるのは、踊っている僧侶たちが皆、恍惚とした表情をしていることである。一遍の踊り念仏は、エクスタシーの境地をもたらしたのだ。

この踊り念仏は興行であり、踊るのは僧侶と尼だけだった。観衆は、踊り念仏の興行がある場所へ集まってきて、それを眺めた。京の都で興行が行われたときには、一般の民衆だけではなく、高貴な身分の人間たちも、牛車に乗ってかけつけてきた。

踊り念仏の興行は大人気で、これによって一遍は一躍有名人になり、各地で歓迎された。『一遍聖絵』には、一遍が安芸の宮島にある厳島神社へ赴いたときのことも描かれているが、一遍は社殿のなかで上席を占め、その前では神楽が演じられている。一遍がいかに厚遇されていたかが分かる。まるで天皇や公家、あるいは武家の大将のような扱いだ。

今でも踊り念仏は行われているが、果たしてそれが、一遍の時代と同じものかどうかは分からない。絵巻物からは雰囲気は伝わってきても、残念ながら念仏を唱える声は聞こえてこないのだ。

京都の六波羅密寺には、一遍が尊敬していた空也の肖像彫刻がある。運慶の作とされるが、空也の口からは六体の小さな阿弥陀仏が吐かれている。

そして、空也は恍惚とした表情をしている。

念仏を唱えることで必ずや往生できる。空也にその確信があったからこそ、そんな表情になったのだろう。一遍は、踊り念仏を通して、この空也の境地に至ろうとしたのかもしれない。

念仏と芸能ということでは、「節談説教」がとても重要である。

節談説教というのは、主に浄土真宗で行われるもので、教えを諭すための説教だが、七五調で節がつくので節談と呼ばれている。

取り上げられる演目は、『親鸞聖人御一代記』や、浄土真宗中興の祖である『蓮如上人御一代記』などだが、歌舞伎や浄瑠璃の演目になっている『本朝廿四孝』や『菅原伝授手習鑑』、『仮名手本忠臣蔵』なども語られる。説教師は、そうした物語のなかから教えに結びつくような箇所を引き出し、説教に仕立てあげていくのである。

聞いている聴衆、それは浄土真宗の信者、門徒ということになるが、説法が大切な箇所にさしかかると、南無阿弥陀仏を唱えることでそれに答える。これは、「受け念仏」と呼ばれる。説教師と聴衆のあいだにコールアンドレスポンスの関係が成立するわけである。

たとえばこれは、兵庫県揖保郡にある福専寺という浄土真宗本願寺派（西本願寺）のお寺に伝わる節談説教のテキストで、『譬喩因縁・三信章開導説教』というものだが、それは次のようになっている。

悪人目当ての御本願じゃもの、なんの遠慮がいるものか、油断のなきが弥陀の本願、落ちこむばかりの私を、いかなるお慈悲の御顕れぞと、額に角は生えねども、鬼をあざむく悪人凡夫、背に鱗はなけれども、大蛇にまさる大罪人、この世の縁の尽き次第、眼《まなこ》を閉じたがこの世なら、開く眼は自然化生《じねんけしょう》の清浄界《しょうじょうかい》、開くも弥陀の正覚の花、どちらが弥陀やら衆生やら、寸分変わらぬお証《さと》りと、思えば、勿体ないと、頂き上げては南無阿弥陀仏（関山和夫『説教の歴史―仏教と話芸』岩波新書）。

実際にこの文章を読み上げてみれば、節がついていて、とても調子がよいことが分かる。

そして、最後の南無阿弥陀仏のところで、聴衆は南無阿弥陀仏の受け念仏で答えることになるわけだ。そこで、説教師と聴衆が一体化する。そこにこそ節談説教の真髄がある。

節談説教は、講談や浪曲、落語といった日本の芸能の源流であるとされる。日本の大衆芸能は、仏教の信仰世界から生み出されてきたものなのである。

これは、芸能とまでは言い切れないが、日本の各村には、「念仏講」というものが存在していた。念仏講は、浄土に生まれ変わりたいと願う人たちが定期的に集まり、念仏を唱えるものだ。大きな数珠を皆で回しながら、念仏を唱えるようなこともある。

南無阿弥陀仏の念仏は、芸能にまでかかわることで、庶民にとってもっとも重要な言霊となってきたのである。

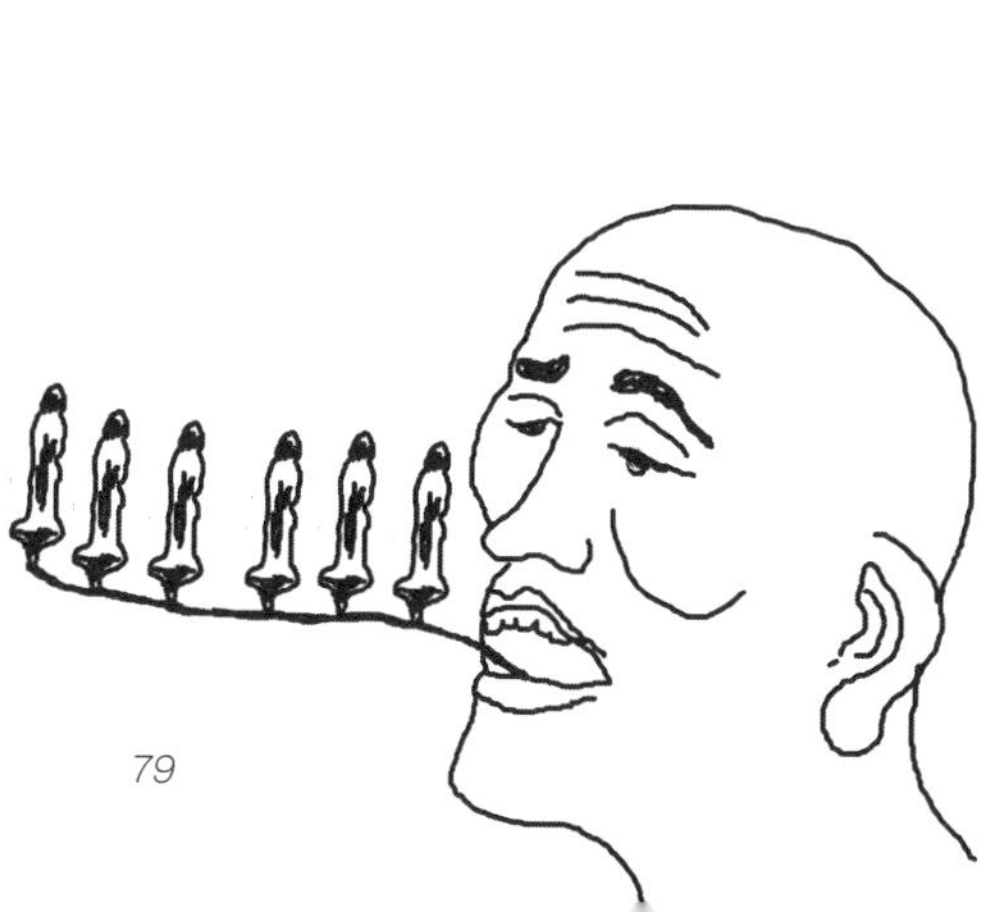

Kotodama 12

南《な》無《む》妙《みょう》法《ほう》蓮《れん》華《げ》経《きょう》

念仏とともに重要なのが「題目」である。こちらは、日蓮宗や、日蓮信仰を持つ集団のあいだで唱えられる。「なんみょうほうれんげきょう」と読まれることが多い。

妙法蓮華経とは、いわゆる『法華経』のことであり、お経のタイトルである。南無阿弥陀仏が、阿弥陀仏への帰依を意味するのに対して、南無妙法蓮華経は、『法華経』への帰依を表明するものである。仏に帰依するのなら分かるが、お経に帰依するとはどういうことなのか。そう思う人もいるかもしれない。

日常的に題目を唱える習慣を作り出したのは、日蓮宗を開いた日蓮である。日蓮のことを語る前に、南無妙法蓮華経の対象となる『法華経』がどういったお経なのかについてふれなければならないだろう。

『法華経』は、「諸経の王」と呼ばれることがある。

もちろんこれは、『法華経』を信仰する人たちが言っていることで、ほかのお経を信仰する人からすれば、認められない言い方になる。だが、『法華経』を信奉する「法華経信仰」は、日本のなかで、昔からかなりの広がりをもっていて、多くの人たちが、『法華経』に強い関心を持ってきた。

なぜ『法華経』は「諸経の王」と呼ばれるのだろうか。

それは、『法華経』のなかに含まれる「方便品」という章において、これまで釈迦によって説かれてきた教えは、人々を真実の教えに導くために説かれた仮の教え、つまりは方便にすぎず、この『法華経』において、釈迦ははじめて真実の教えを説いたとされているからである。

では、その真実の教えとは何なのか。

『法華経』では、それは「一仏乗」であると説かれる。一仏乗は、ただ「一乗」と呼ばれることもあるが、「釈迦の教えは一つで、すべての衆生は必ずや仏になれる」というものである。

『法華経』の立場からすれば、ほかのお経では、すべての衆生の往生は保証されていないとする。だからこそ、『法華経』は有り難い。諸経の王とされたのも、往生を絶対的に保証してくれる教えを説いているからだ。

そこから、『法華経』を写経して、それをお寺や神社に奉納するという行為が生まれた。しかも、ただお経を書き写すのではなく、綺麗な紙を使い、見事な筆で経文を写していくのだ。金銀がふんだんに使われることもある。

その代表が、平家一門が、自分たちの氏神を祀る厳島神社に奉納した「平家納経」と呼ばれるものだ。これは、現在も残っていて国宝にも指定されているが、実に豪華で、平家一門がいかに栄耀栄華を究めていたかがよく分かる。彼らにとっても、『法華経』の説く救いは、ひどく魅力的なものに映ったのである。

『法華経』の内容については、聖徳太子が、『法華義疏』という注釈書を書いたとされ、それが残されており、古代から日本で強い関心を集めていたことが分かる。

中国では、天台宗を開いた天台大師智顗が、生涯説法に明け暮れた釈迦は、最後の段階になって『法華経』の教えを説き、そこではじめて真実の教えを明かしたという立場をとった。

この天台宗を日本に伝えたのが、日本で天台宗を開く最澄である。最澄は唐に渡り、中国天台宗の中心である天台山に登って、そこで天台宗の教え、「天台教学」を学んだ。最澄は生涯にわたって、『法華経』が一番優れているとする「法華最勝」の立場をとった。最勝とは、もっとも優れているという意味である。

ただ、真言のところで述べたように、最澄は唐にいたときに密教について学んでいて、天台宗では密教も大幅に取り入れた。それで、『法華経』と密教のどちらに価値があるかで論争が起こったりもしたのだが、天台教学の中心が『法華経』の教えにあることは変わらなかった。

最澄の開いた比叡山で学び、『法華経』の重要性に気づいたのが、題目の生みの親である日蓮だった。日蓮は、末法の時代にあって、戦乱や飢饉などで世の中が乱れているのは、間違った教えが世の中にはびこっているからだとし、それを排斥するよう鎌倉幕府に働きかけた。

日蓮は、最初、法然の説いた浄土教信仰をもっぱら批判していたが、次第に批判の対象は広がり、密教や禅宗、あるいは律宗などに及んだ。密教は、天台宗でも取り入れられていたので、日蓮は、念仏を日本にもたらした円仁なども強く批判するようになる。日蓮が批判しなかったのは最澄だけだった。

けれども、日蓮の行動は世の中を騒がせるとして、二度も流罪にあっている。日蓮は、二度目の流罪で佐渡に流されたときから、中央に大きく「南無妙法蓮華経」の題目を書き、その周囲に諸仏諸菩薩や、日本の神々の名前を記した「曼荼羅本尊」というものを描くようになる。日蓮は、それを弟子や信者たちに与えていったのだ。日蓮の描いた曼荼羅本尊は、今のところ127幅が残されている。おそらく日蓮は、もっと多くの曼荼羅を描いたことだろう。そのなかで最大のものが鎌倉の妙本寺に所蔵されているものである。縦160センチ、横100センチで、中心に描かれた「南無妙法蓮華経」の文字は、見る者を圧倒する。妙本寺のものは、日蓮が亡くなるときに、その枕元に掲げられていたと言われる。

曼荼羅本尊は日蓮の独創であり、日蓮宗の高僧たちはそれを書写したり、真似て曼荼羅を描いてきた。それも、日蓮宗のなかに、題目に対する強い信仰があったからである。

そして、日蓮は、題目を声に出して唱える「唱題」を実践するようになる。文献による裏づけはないが、おそらく日蓮は、自らが批判した浄土教信仰の世界で念仏が唱えられていることに影響され、題目を唱えることを思いついたのではないだろうか。

念仏には、極楽往生への願いが込められ、死者を弔う役割が与えられている。題目の場合にも、死者を弔う際に唱えられることもあるが、主に唱題は、法華経信仰、あるいは日蓮信仰を表明するための手段として用いられる。したがって、唱題は力を込めて「南無妙法蓮華経」と唱え続けるもので、団扇太鼓を叩きながら行われることもある。その点で、唱題は相当に勇ましい。

日蓮宗の信仰者のあいだで団扇太鼓がいつから使われるようになったか、正確なことは分かっていない。江戸時代の終わり、あるいは明治時代のはじめからではないかとも言われる。

日蓮は、日本の国家が宗教に対してどのような姿勢をとるかを問題にした宗教家である。いわば、国家の宗教政策に強い関心を持ったことになる。

したがって、個人の救済ということに必ずしも関心を持たなかったのだが、近世に入る頃になると、庶民のあいだに、法華経信仰、日蓮信仰が広まるようになる。江戸では、「法華講」と呼ばれる信仰者の組織が生まれるが、それは、今日の新宗教に近いもので、現世での救い、現世利益を求めるものだった。そうした法華講の人間たちが、団扇太鼓を叩きながら、「南無妙法蓮華経」の題目を大きな声で唱えた。しかもそれを集団で行うこともあり、江戸の街に力強い唱題の声が響き渡ることとなった。

唱題は、明治以降になって生まれた、日蓮系の新宗教教団などで実践されるようになる。たとえば、日本でもっとも規模の大きい新宗教、創価学会では、朝晩に勤行を行い、その際には、『法華経』の一部を唱えるとともに、唱題を行う。

以前、住宅事情がよくなかった頃には、創価学会の信者が勤行する声が、家の外にまで聞こえてくることが少なくなかった。それだけ熱心な信者が多かったわけである。今では、住宅の壁が厚くなったのか、あまりそうした声を聞かなくなった。

創価学会もそうだが、日蓮信仰を持つ人々は、自分たちの教えが絶対に正しいと考え、ほかの人間もそれを受け入れるべきだと強引な布教活動を展開した。それは、「折伏」と呼ばれたが、相手の信仰の間違いを突き、論破して、改宗させることが目的になる。こうした姿勢をとってきたからこそ「南無妙法蓮華経」の唱題は、信仰上の有力な武器となってきたのである。

念仏は死ということと強く結びつくが、題目は生きることに強く結びついている。それは、生命力の発露であり、そこに題目が言霊を宿す根本的な原因があるわけである。

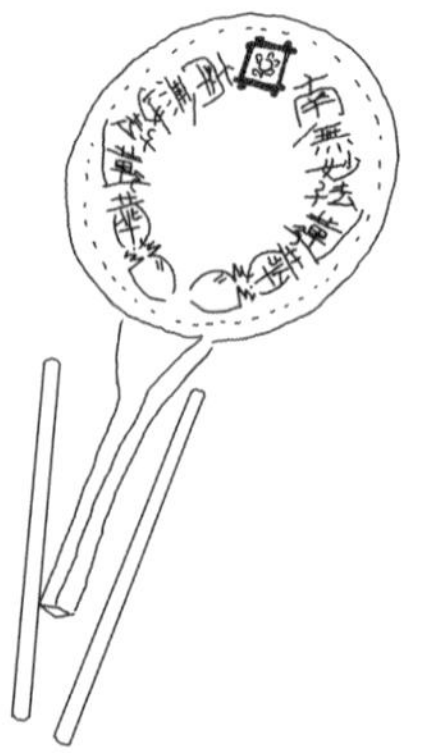

Kotodama 13

南無遍照金剛《なむへんじょうこんごう》

これは、**真言宗で唱えられるもので、「南無大師遍照金剛《なむだいしへんじょうこんごう》」とも言う。**真言宗には、その下にさまざまな派があり、派によって言葉が異なる。

ここで言う「大師」とは、弘法大師空海のことである。空海は真言宗の開祖だ。「遍照金剛」の方は空海をさすこともあるし、真言宗の本尊、大日如来をさすこともある。

空海は、唐に渡ったとき、真言密教を伝えてきた恵果という僧侶から、密教を体系的な形で教えられるが、その際に、遍照金剛という密教の呼び名、「密号」を授けられた。

したがって、大師遍照金剛は空海のことをさし、南無大師遍照金剛は、空海に対して帰依するという意味になる。

ただし、遍照金剛が同時に大日如来のことをさすのなら、大日如来にも帰依を表明していることになる。

一般の人たちが、これを唱えるのは、「四国遍路」をするときである。お遍路さんたちは、南無大師遍照金剛と唱えながら、88箇所の霊場をまわる。四国遍路では、お遍路に対して、弘法大師が付き添ってくれるという言い伝えがある。だから、お遍路は、「同行二人」と笠に書き付けるのだ。

南無大師遍照金剛には、お遍路や、その他真言宗の信者の弘法大師に対する思いが凝縮された形で込められている。

お遍路をしているときだけではなく、普段の生活を送るときにも、弘法大師に見守って欲しい。その願いや祈りを言葉として表現するものが、南無大師遍照金剛である。

真言のところで述べたように、密教の世界では、仏に対して真言や陀羅尼を唱える。けれども、真言はサンスクリット語がもとになっており、弘法大師を意味する真言はない。南無大師遍照金剛という唱え言葉が生まれてきたのも、そうした事情があるからだろう。

真言のところでも述べたように、弘法大師空海は、声ということに強い関心を示した宗教家で、言霊の力をとくに重視していた。南無大師遍照金剛は、そうした空海の存在を身近に感じる上で重要な役割を担っているのである。

Kotodama 14

高天原に神留《かむづまり》坐《ま》す
神魯岐《かむろぎ》神魯美《かむろみ》の命以《みこともち》て
皇御祖神《すめみおやかむ》伊邪那岐命《いざなぎのみこと》
筑紫《つくし》の日向《ひむか》の橘《たちばな》の小戸《おど》の阿波岐原《あわぎはら》に
御禊《みそぎ》祓《はら》ひ給《たま》ふ時に生坐《あれませ》る祓戸《はらへど》の大神等《おほかみたち》
諸々《もろもろ》の枉事《まがこと》罪穢《つみけがれ》を祓ひ賜《たま》え
清《きよ》め賜えと申す事の由《よし》を
天津神《あまつかみ》国津神《くにつかみ》八百万《やおよろず》の神等《かみたち》と共に
天《あめ》の斑駒《ふちこま》の耳《みみ》振り立てて聞食《きこしめ》せと
恐《かしこ》み恐《かしこ》みも白《まを》す

神道において、神に対して奏上する言葉が「祝詞」である。祝詞にはさまざまな種類があるが、これは、もっとも基本的な**「天津祝詞」**と言われるものである。神道においては罪や穢れを嫌う。それを祓い、清めてくれることを神に願うのが、この祝詞を奏上する目的である。これを現代語に訳してみよう（私訳）。

高天原においでになるカムロギとカムロミの男女の神からお生まれになった
天皇の祖神であるイザナギノ命が
筑紫にある日向の橘の小戸にある阿波岐原でみそぎ祓をされたときに現れた
祓戸の大神たちにさまざまな悪いことや罪やけがれを
祓い、清めくださるよう申し上げるのを
天の神たち、地の神たち、すべての神たち一緒に
斑のもようのある天馬が耳を振り立てるよう
どうかお聞き届けくださいと
恐れながら申し上げます

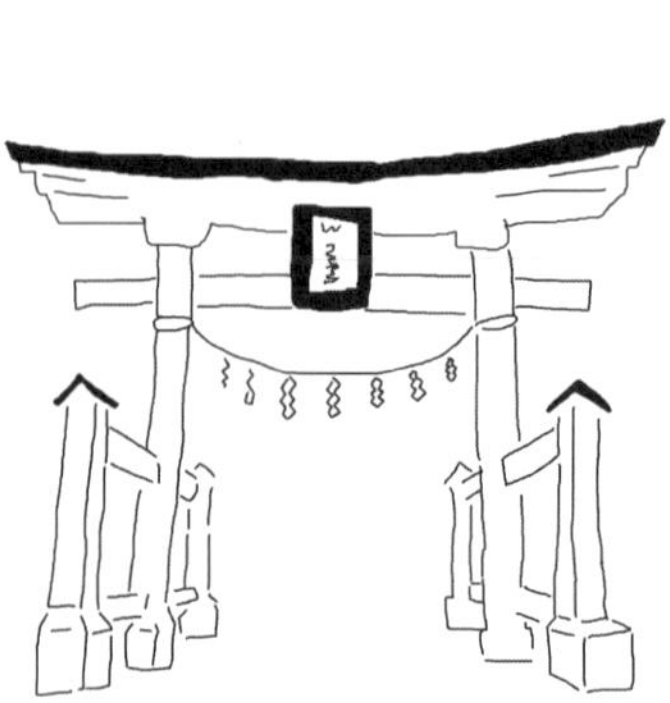

Kotodama 15

掛《か》けまくも畏《かしこ》き○○神社《かむやしろ》の大前《おほまえ》を拝《をろが》み奉《まつ》りて　恐《かしこ》み恐《かしこ》みも白《まを》さく
大神等《おほかみたち》の広《ひろ》き厚《あつ》き御恵《みめぐみ》を辱《かたじけな》み奉《まつ》り　高《たか》き尊《たふと》き神教《みをしへ》のまにまに　天皇《すめらみこと》を
仰《あふ》ぎ奉《まつ》り　直《なほ》き正《ただ》しき真心《まごころ》もちて　誠《まこと》の道《みち》に違《たが》うことなく　負《お》い持《も》つ
業《わざ》に励《はげ》まし給《たま》ひ　家門《いえかど》高《たか》く身健《みすこ》やかに世《よ》のため人《ひと》のために尽《つく》さしめ
給《たま》えと　恐《かしこ》み恐《かしこ》みも白《まを》す

○○：神社名・祭神名

Kotodama 16

此《こ》の神床《かむど》に坐《ま》す　掛《か》けまくも畏《かしこ》き天照大御神《あまてらすすめおほみかみ》　産土大神等《うぶすなのおほかみたち》の大前《おほまえ》を拝《をろが》み奉《まつ》りて　恐《かしこ》み恐《かしこ》みも白《まを》さく　大神等《おほかみたち》の広《ひろ》き厚《あつ》き御恵《おめぐみ》を辱《かたじけな》み奉《まつ》り　高《たか》き尊《たふと》き神教《みをしへ》のまにまに　直《なお》き正《ただ》しき真心《まごころ》もちて　誠《まこと》の道《みち》に違《たが》ふことなく　負《お》ひ持《も》つ業《わざ》に励《はげ》ましめ給《たま》ひ　家門《いえかど》高《たか》く身健《みすこやか》に世《よ》のため人《ひと》のために尽《つく》さしめ給《たま》へと　恐《かしこ》み恐《かしこ》みも白《まを》す。

15は**「神社拝詞」**と言われるもので、神社を訪れ、参拝をしたときに唱えるものである。○○には、参拝した神社の名称を入れる。

16は、神棚に拝礼を行う際に訓まれる**「神棚拝詞」**である。産土大神とは、それぞれの地域で祀られた土地の神のことを言う。それとともに、天照大御神の名が挙げられているのは、神棚には、伊勢神宮の神札である「神宮大麻」を祀ることが多いからである。

Kotodama 17

高天原《たかまのはら》に神留《かむづ》まり坐《ま》す皇親《すめらがむつ》神漏岐《かむろぎ》神漏美《かむろみ》の命以《みこともち》て
八百万神等《やほよろづのかみたち》を神集《かむつど》へに集《つど》へ賜《たま》ひ神議《かむはか》りに議《はか》り賜《たま》ひて
我皇御孫命《あがすめみまのみこと》は豊葦原瑞穂國《とよあしはらのみづほのくに》を安國《やすくに》と平《たいら》けく知《し》ろし食《め》せと事依《ことよ》さし奉《まつ》りき
此《か》く依《よ》さし奉《まつ》りし國中《くぬち》に荒振《あらぶ》る神等《かみたち》をば神問《かむと》はしに問《と》はし賜《たま》ひ
神掃《かむはら》ひに掃《はら》ひ賜《たま》ひて言問《ことと》ひし磐根樹根立草《いわねきねたちくさ》の片葉《かきは》をも語止《ことや》めて
天《あめ》の磐座《いはくら》放《はな》ち天《あめ》の八重雲《やへぐも》を伊頭《いつ》の千別《ちわ》きに千別《ちわ》きて
天降《あまくだ》し依《よ》さし奉《まつ》りき此《か》く依さ《よさ》し奉《まつ》りし
四方《よも》の國中《くになか》と大倭日高見國《おほやまとひだかみのくに》を安國《やすくに》と定《さだ》め奉《まつ》りて
下《した》つ磐根《いはね》に宮柱太敷《みやばしらふとし》き立《た》て高天原《たかまのはら》に千木高知《ちぎたかし》りて
皇御孫命《すめみまのみこと》の瑞《みづ》の御殿仕《みあらかつか》へ奉《まつ》りて天《あめ》の御蔭《みかげ》日《ひ》の御蔭《みかげ》と隠《かく》り坐《ま》して

安國《やすくに》と平《たいら》けく知《し》ろし食《め》さむ國中《くぬち》に成《な》り出《いで》む天《あめ》の益人等《ますびとら》が
過《あやま》ち犯《をか》しけむ種種《くさぐさ》の罪事《つみごと》は天《あま》つ罪《つみ》國《くに》つ罪《つみ》許許太久《ここだく》の罪出《つみいで》む此《か》く出《いで》ば
天《あま》つ宮事《みやごと》以《も》ちて天《あま》つ金木《かなぎ》を本打《もとう》ち切《き》り末打《すゑう》ち断《た》ちて千座《ちくら》の置座《おきくら》に置《お》き足《た》らはして
天《あま》つ菅麻《すがそ》を本刈《もとか》り断《た》ち末刈《すゑか》り切《き》りて八針《やはり》に取《と》り辟《さ》きて
天《あま》つ祝詞《のりと》の太祝詞事《ふとのりとごと》を宣《の》れ
此《か》く宣《の》らば天《あま》つ神《かみ》は天《あめ》の磐門《いはと》を押《お》し披《ひら》きて天《あめ》の八重雲《やへぐも》を
伊頭《いつ》の千別《ちわ》きに千別《ちわ》きて聞《き》こし食《め》さむ國津神《くにつかみ》は高山《たかやま》の末《すゑ》
短山《ひきやま》の末《すゑ》に上《のぼ》り坐《ま》して高山《たかやま》の伊褒理《いぼり》短山《ひきやま》の伊褒理《いぼり》を掻《か》き別《わ》けて
聞《き》こし食《め》さむ此《か》く聞《き》こし食《め》してば罪《つみ》と言《い》ふ罪《つみ》は在《あ》らじと
科戸《しなど》の風《かぜ》の天《あめ》の八重雲《やへぐも》を吹《ふ》き放《はな》つ事《こと》の如《ごと》く
朝《あした》の御霧《みぎり》夕《ゆふべ》の御霧《みぎり》を朝風夕風《あさかぜゆふかぜ》の吹《ふ》き掃《はら》ふ事《こと》の如《ごと》く

大津辺《おほつべ》に居《を》る大船《おほふね》を舳《へ》解《と》き放《はな》ち艫《とも》解《と》き放《はな》ちて大海原《おほうなばら》に押《お》し放《はな》つ事《こと》の如《ごと》く
彼方《をちかた》の繁木《しげき》が本《もと》を焼鎌《やきがま》の敏鎌《とがま》以《も》ちて打《う》ち掃《はら》ふ事《こと》の如《ごと》く
遺《のこ》る罪《つみ》は在《あ》らじと祓《はら》へ給《たま》ひ清《きよ》め給《たま》ふ事《こと》を高山《たかやま》の末《すゑ》短山《ひきやま》の末《すゑ》より
佐久那太理《さくなだり》に落《お》ち多岐《たぎ》つ速川《はやかわ》の瀬《せ》に坐《ま》す瀬織津比売《せおりつひめ》と言《い》ふ神《かみ》
大海原《おほうなばら》に持《も》ち出《い》でなむ此《か》く持《も》ち出《い》で往《い》なば
荒潮《あらしほ》の潮《しほ》の八百道《やほぢ》の八潮道《やしほぢ》の潮《しほ》の八百會《やほあひ》に坐《ま》す
速開都比売《はやあきつひめ》と言《い》ふ神《かみ》持《も》ち加加呑《かかの》みてむ此《か》く加加呑《かかの》みてば
氣吹戸《いぶきど》に坐《ま》す氣吹戸主《いぶきどぬし》と言《い》ふ神《かみ》根國底國《ねのくにそこのくに》に氣吹放《いぶきはな》ちてむ
此《か》く氣吹放《いぶきはな》ちてば根國底國《ねのくにそこのくに》に坐《ま》す速佐須良比売《はやさすらひめ》と言《い》ふ神《かみ》持《も》ち
佐須良比失《さすらひうしな》ひてむ此《か》く佐須良比失《さすらひうしな》ひてば罪《つみ》と言《い》ふ罪《つみ》は在《あ》らじと
祓《はら》へ給《たま》ひ清《きよ》め給《たま》ふ事《こと》を天《あま》つ神國《かみくに》つ神《かみ》八百万《やほよろず》の神等共《かみたちとも》に聞《き》こし食《め》せと白《まを》す

祝詞のなかでも重要な**「大祓詞」**と呼ばれるもので、中臣祓詞《なかとみのはらえことば》や中臣祓、あるいは中臣祭文《なかとみさいもん》と呼ばれることもある。基本的には、毎年6月と12月の末に行われる「大祓」で唱えられる祝詞である。大祓は、それまでの半年の罪穢れを祓うもので、宮中祭司のなかでも営まれている。

現代語訳をあげれば、次のようになる。

天上の神様たちのお国にいらっしゃいます皇祖神の仰せによって、数多くの神々を一人も残さずお集めになり、御協議なさって皇御孫命《すめみまのみこと》・瓊々岐命《ににぎのみこと》は、豊葦原の水穂の国・日本の国を安穏で平和な国として無事に統治なさるようにと御委託されました。

このように御委託された国土のなかには、ご威光に従わずに荒れまわる神々も居り、先ず服従するかどうかを問い糺《ただ》し、それでも帰順せずに反抗する神々は討伐処罰され、岩石や草木の片端《かたはし》のひと葉までもが口やかましく言いたてて居たのが、ふっつりと物を言うことを止めて静かになったように、騒乱の国土も平和に鎮定されたので、天上の御座所をご出発なされ、幾重にも重なりたなびく雲を威風堂々と押し分け押し分け、地上に御降臨《ごこうりん》されました。

このように、平穏に治めなさいと御委託を受けられた四方の国土の中心として、大和の国の陽が高く照り輝く美しい地に都を定められ、地中深く土台石の上に太い柱をどっしりと差し立て、屋根の上につける千木《ちぎ》は大空に高々と聳《そび》え立たせ、皇御孫命《すめみまのみこと》・天皇の、荘厳で立派な宮殿をお造り申し、強い天日の覆いとして宮殿にお住みになり（天津神・天照大神の御神力をうけて、その御加護のもと）平和で無事な国家としてご統治なされようとする国土の中に、年代が経つに随って、自然に生まれ、益々殖えていく国民たちが、知らない間や故意に過ち犯した数々の罪悪は、天つ罪・国つ罪など沢山な罪が現れるでありましょう。

このように幾つもの罪禍が現われ出てきたならば、天上の神様の宮殿で行われてきた神聖な儀式に倣《なら》い、木の枝の元と尖端を切り中程を取って蔓《つる》を編んで結束した置台の上に、多くの祓えものを置き、清い菅麻《すがそ》を木の枝と同じように元と末とを切り捨て、中程の良い部分を取り、針で細かく割き（祓串のようにして祓いの神事を行い）天つ神のお授けくださいました、神秘なお働きをする祓いの祝詞を申し唱えなさい（特定非営利法人「にっぽん文明研究所」のサイトによる）。

大祓詞の原型になったものが「六月晦大祓」である。これは、律令を具体的にどのように実行するのかを記した細則である『延喜式』の巻八「祝詞」に出てくるものである。

ここでは、『古事記』や『日本書紀』に記された日本の神話について言及されている。日本の国土は神々によって創造され、天皇が支配する理想の地であるにもかかわらず、歳月が経つことでさまざまな罪禍が生まれる。それを祓ってくれるよう、神々に対して祈るというのが大祓詞の目指すところである。

Kotodama 18

八十日《やそかひ》は在《あ》れども、今日《けふ》の生《い》く日《ひ》の足《た》る日《ひ》に出雲國《いずものくに》の國造姓名《くにのみやつこかばねな》、
恐《かしこ》み恐《かしこ》みも申《まを》し賜《たま》はく、掛《か》けまくも恐《かしこ》き明御神《あきつかみ》と大八嶋《おほやしま》の國《くに》
知《し》ろしめす天皇命《すめらみこと》の大御世《おほみよ》を手長《たなが》の大御世《おほみよ》と斎《いは》ふと
（若《も》し後《のち》の斎《いはひ》の時《とき》には後《のち》斎の字《もじ》を加《くは》ふ）為《し》て、
出雲國《いずものくに》の青垣山《あをがきやま》の内《うち》に下《した》つ石根《いはね》に宮柱《みやばしら》太知《ふとし》り立《た》て、
高天原《たかまのはら》に千木《ちぎ》高知《たかし》り坐《いま》す伊射那伎《いざなぎ》の
日真名子《ひまなご》加夫呂伎《かぶろき》熊野大神《くまぬのおほかみ》櫛御気野命《くしみけぬのみこと》國作《くにつく》り坐《ま》し大穴持命《おほなもちのみこと》、
二柱《ふたはしら》の神《かみ》を始《はじ》めて、百八十六社《ももやそまりむつのやしろ》に坐《ま》す皇神達《すめかみたち》を、
某甲《それがし》が弱肩《よわかた》に太襷《ふとたすき》取《と》り挂《か》けて、伊都幣《いつぬさ》の緒結《をむす》び、
天《あめ》の美賀秘冠《みかげかがふ》りて、伊豆《いつ》の真屋《まや》に麁草《あらくさ》を伊豆《いつ》の席《むしろ》と苅《か》り敷《し》きて、

伊都閉黒《いつへくろ》まし、天《あめ》の厳和《みかわ》に斎《い》みこもりて、志都宮《しづみや》に忌《いは》ひ静《しづ》め仕《つか》へ奉《まつ》りて、
朝日《あさひ》の豊栄登《とよさかのぼり》に伊波比《いはひ》の返事《かへりごと》の神賀吉詞《かむほぎのよごと》を奏《まを》し賜《たま》はくと奏《まを》す。
高天《たかま》の神王高御魂命《かぶろきたかみむすびのみこと》の皇御孫命《すめみまのみこと》に、天下大八嶋國《あめのしたおほやしまのくに》を事避《ことさ》り奉《まつ》りし時《とき》、
出雲臣《いずものおみら》等が遠祖《とほつおや》、天穂比命《あめのほひのみこと》を國體《くにかた》見《み》に遣《つか》はしし時《とき》に、
天《あめ》の八重雲《やへぐも》を押《お》し別《わ》けて天翔《あまかけ》り國翔《くにかけ》りて、天下《あめのした》を見廻《みめぐ》りて返事申《かへしごとまを》し給《たま》はく、
豊葦原《とよあしはら》の水穂國《みずほのくに》は、昼《ひる》は五月蝿《さばへ》如《な》す水沸《みずわ》き夜《よる》は火瓮《ほへ》の如《ごと》く光《かがや》く神《かみ》在《あ》り。
石根《いはね》木立《このたち》青水沫《あほみなわ》も事問《こと》ひて荒《あら》ぶる國《くに》なり。
然《しか》れども鎮《しづ》め平《む》けて皇御孫命《すめみまのみこと》に安國《やすくに》と平《たひら》けく知《し》ろしめし坐《ま》さしめむと申《まを》して、
己命《おのれみこと》の児《みこ》、天夷鳥命《あめのひなとりのみこと》に布都怒志命《ふつぬしのみこと》を副《そ》へて天降《あまくだ》し遣《つかは》して荒《あら》ぶる神達《かみども》を撥《はら》ひ平《む》け、
國作《くにつくら》しし大神《おほかみ》をも媚《まは》ひ鎮《しづ》めて大八嶋國《おほやしまのくに》の現事顕事《うつしあらはにごとこと》事避《さ》らしめき。
乃《すなは》ち大穴持命《おほなもちのみこと》の申《まを》し給《たま》はく、皇御孫命《すめみまのみこと》の静《しづ》まり坐《ま》さむ大倭國《おほやまとのくに》と申《まを》して

己命《おのれみこと》の和魂《にぎみたま》を八咫鏡《やたかがみ》に取《と》り託《つ》けて倭大物主櫛𤭖玉命《やまとのおほものぬしくしみかたまのみこと》と御名《みた》を称《たた》へて
大御和《おほみわ》の神奈備《かむなび》に坐《ま》せ、己命《おのれみこと》の御子《みこ》、
阿遅須伎高孫根《あじすきたかひねこ》の命《みこと》の御魂《みたま》を葛木《かつらき》の鴨《かも》の神奈備《かむなび》に坐《ま》せ、
事代主命《ことしろぬしのみこと》の御魂《みたま》を宇奈提《うなで》に坐《ま》せ、賀夜奈流美命《かやなるみのみこと》の御魂《みたま》を飛鳥《あすか》の神奈備《かむなび》に坐《ま》せて、
皇御孫命《すめみまのみこと》の近《ちか》き守神《まもりのかみ》と貢《たてまつ》り置《お》きて、八百丹杵築宮《やほにきづきのみや》に静《しづ》まり坐《ま》しき。
是《ここ》に親神魯伎神魯備《むつかむろぎかむろみ》の命《みこと》の宣《のりたま》はく、
汝天穂比命《いましあめのほひのみこと》は天皇命《すめらみこと》の手長《たなが》の大御世《おほみよ》を堅石《かきは》に常石《ときは》に伊波《いは》ひ奉《まつ》り、
伊賀志《いかし》の御世《みよ》に幸《さき》はへ奉《まつ》れと仰《おほ》せ賜《たま》ひし次《つぎて》の随《まに》に
供斎《いはひごと》（若《も》し後《のち》の斎《いはひ》の時《とき》には後《のち》斎の字《もじ》を加《くは》ふ）仕《つか》へ奉《まつ》りて
朝日《あさひ》の豊栄登《とよさかのぼり》に神《かみ》の禮白臣《ゐやしろおみ》の禮白《ゐやしろ》と御禱《みほぎ》の神宝献《かむだからたてまつ》らくと奏《まを》す。
白玉《しらたま》の大御白髪《おほみしらが》在《ま》し、赤玉《あかたま》の御阿加良《おほみあから》び坐《ま》し、

青玉《あをたま》の水江玉《みずえのたま》の行相《あひゆき》に明御神《あきつみかみ》と大八嶋國《おほやしまのくに》知《し》ろしめす天皇《すめらみこと》の手長《たなが》の大御世《おほみよ》を、
御横刀広《みはかしのひろ》らに誅《う》ち堅《かた》め、白《しろ》き御馬《みうま》の前足《まえのあし》の爪《つめ》、
後足《しりへ》の爪《つめ》の踏《ふ》み立《た》つる事《こと》は、大宮《おほみや》の内外《うちと》の御門《みかど》の柱《はしら》を上《うは》つ石根《いはね》に踏《ふ》み堅《かた》め、
下《した》つ石根《いはね》に踏凝《ふみこら》し立《た》て、振《ふ》り立《た》つる耳《みみ》の弥高《いやたか》に天《あめ》の下《した》を知《し》ろしめさむ事《こと》の志《しるし》のため、
白鵠《しらとり》の生御調《いきみつき》の玩物《もてあそびもの》と倭文《しづ》の大御心《おほみこころ》も多親《たし》に、
彼方《をち》の古川岸此《ふるかわきしこち》の古川岸《ふるかわきし》に生《な》り立《た》てる若水沼間《わかみぬま》の弥若叡《いやわかえ》に御若叡坐《みわかえま》し、
須《す》すぎ振《ふ》る遠止《おど》の美《うるはし》の水《みず》の弥乎知《いやをち》に御袁知坐《みをちま》し、
麻蘇比《まそび》の大御鏡《おほみかがみ》の面《おも》をおしはるかして見行《みそなは》す事《こと》のごとく、
明御神《あきつみかみ》の大八嶋國《おほやしまのくに》を天地日月《あめつちひつき》と共《とも》に安《やす》けく平《たひら》けく知《しろ》しめさむ事《こと》の志《しるし》の太米《ため》と、
御禱《みほぎ》の神宝《かむだから》を擎《ささ》げ持《も》ちて神《かみ》の禮白《ゐやしろ》、臣《おみ》の禮白《ゐやしろ》と、
恐《かしこ》み恐《かしこ》みも天《あま》つ次《つぎて》の神賀吉詞白《かむほぎのよごとまを》し賜《たま》はくと奏《まを》す。

「出雲国造神賀詞《いずものくにのみやつこのかむよごと》」と呼ばれるものである。出雲国造は、かつては出雲国の支配者で、現在では、出雲大社で神事を司る役割を担っている。

出雲国造は、代々千家家によって受け継がれてきた（分家として北島家がある）が、かつて新任の国造が上京し、天皇の前で奏上したのが、この出雲国造神賀詞である。

このなかには、『古事記』のなかで語られた出雲国の国譲りの話が出てくる。それを踏まえ、出雲国造が天皇に対して従うことを誓うものであり、「服属儀礼」と考えることができる。

こうしたことを行うのは出雲国造だけである。そこには、出雲国造という存在が、あるいは国譲りを行ったということが、いかに大和朝廷にとって重要な意味を持ったかがうかがえる。出雲国造を生んだ出雲族は、古代において相当に有力な豪族だったのである。

その古代に、それぞれの国の状況や産物、あるいは地名の由来などについて記したものが『風土記』である。『風土記』は各国で作られたものの、全文が残っているものは少ない。幸い、『出雲国風土記』は全文が残されている。

『出雲国風土記』を見てみると、そのなかには国譲りの話はまったく出てこない。しかも出雲国造が出雲大社で祀っている大国主命は、出雲国を造った創造神のように描かれているのだ。

そのことを踏まえて考えると、出雲国造が、この神賀詞を唱えるときに、いったいどういう気持ちだったかに興味がわく。それは、かなり屈辱的なことだったのではないか。そんなことも想像されるのである。

出雲大社の本殿のなかには、実は小さな社殿がある。ということは、本殿は、そのなかで祭事を行う場であったことになる。

そのときの祭事の様子を描いた絵図も残されており、それを見ると、社殿の前に出雲国造が坐り、その前に、神に捧げる神饌が並べられている。神饌の手前には、一般の神職が国造の方を向いて坐っている。

これは、祭事において、出雲国造が神としての扱いを受けていたことを示している。実際、千家家は神の末裔であるとも伝えられ、一般の人々から生き神として扱われていた。

本来なら、神賀詞の祝詞は、出雲国造が唱えるものではなく、出雲国造に向かって唱えられるべきものだったのではないだろうか。本殿のなかでの祭祀のあり方からすれば、そのように思えてくるのである。

Kotodama 19

A　天之大御崎のごいぜん様の生れ育ちは、どことやらかと尋ぬれば、
南南方あをつが島のとらくが村のウミ山川の御潮ざかいにをわしませば、
父の御名を申せばふくをち黄金如来、母の御名を申せば、あくをち黄金如来、

B　父のたいなに三年三月母のひ腹にわたらせ給へば、
九月半ともやどらせ給へば、あたる十月をまちやれとて、
をござの紐が解け参らせん、
十一月を待ちやれどもをござの紐が解けまいらせん、
十三月半なかごろに、おござの紐がさらりと解けてまし、
ごーたん御子へいやあがらせ給へば、

C

天の大御崎のごいぜん様は、ゆほーいからかつよくにござらば、
蟬や鳥、羽長やとりにまねばせ給ふて、
天がこーど高天の原へ舞うして上がらせ給へば、
父母はうぶ血にもつれてみしをさかしに溺れしりて、
奈落、奈落をわしますが、

D

天竺金巻童子《かなまくどうじ》壱人のみこの申されようには、
日本の氏子は十や二人の神楽役者をなみすえ、
むつとば八とば十二の八つふさ付きのばっかい仕立て、
大日本へ引きや降ろして、大けの家の三のやなかで、
高神天の大御崎のごいぜん様と後ろ立てに祝いもつのがよかろーものと申せば、

氏子共らは神の舞台を作り仕立て、十二人の神楽の役者をなみすえて、
むつとば八つとば十二の八つふさ付きのばっかい仕立て引き降ろして、
大けの家で三のやなかで高神天之御御崎のごいぜん様を
後ろ立てに祝いぞめした、祭りぞめした、
ひやりゃーどんとー、

（藤岡好法太夫『古祭神之家伝文』）

土佐国、現在の高知県の山間部にある物部村（現香美市）に伝わる**「いざなぎ流」という民間信仰で唱えられる祭文**である。

いざなみ流について研究している斎藤英喜は、「祭文・神楽・太夫――高知県物部村『いざなぎ流』の世界」（『日本の語り物――口頭性・構造・意義』26巻）という論文のなかで、この祭文を取り上げ、内容について次のように解説している。

Aは御崎様の生れ在所と父母の名前。Bでは誕生に際して、十月たっても出産せず、十三月目にようやく誕生したことが語られる。この誕生に支障があったという語りは、Cにおいて、神が蝉や鳥に変身して（別のテキストでは「蝶」になってともある）、「天がこーど高天の原」に舞い上がっていったという展開につながる。そして父母は産の血におぼれ（穢れて）たというのである。そしてDで「天竺金巻童子」の教えによって、十二人の神楽の役者（これはいま神楽を執行する太夫たちに重なる）によって、「ばっかい」を仕立てて、御崎様を降ろしてきて、家のサンノヤナカ（天井裏の神の棚）で「高神天之御崎のごいぜん様」として祭れば、家の「後ろ立て」になるから祝いの神楽を行った、となるのである。

解説を読んでも分かりにくいのは、私たちにとっては馴染みのない世界がそこにくり広げられているからである。御前様とはいったいなんなのか、天竺金巻童子とはいったい誰なのか。不思議な世界が展開されていると思うばかりである。

この祭文を唱えるのは専門の神職ではなく、村の人間である。いざなぎ流は陰陽道の影響を受けているとも言われ、さまざまな形をした和紙でできた御幣を用いるところに特徴がある。

ここまで見てきた祝詞の場合には、『古事記』や『日本書紀』に記された神話が背景にあり、天照大神を頂点とする神々の体系が作り上げられている。ところが、いざなぎ流には、それがなく、その世界は混沌としている。

神道家は、神々の世界を体系的なものとして示そうとし、混沌を嫌う。だが、庶民は、むしろ混沌とした神々の世界に親近感を感じ、そこで発せられる言霊に魅力を感じてきたのである。

我が宮を天皇の御舎《みあらか》の如修理《ごとをさめつく》りたまはば、御子必ず眞事《まこと》とはむ

祝詞は人間が神に向かって唱えるものである。その点で人の言葉であり、神の言葉ではない。それに対して、神話には、神の言葉が登場する。

『古事記』の最初の部分は、神々の時代の物語であり、神自身が言葉を発している。それが、『古事記』の後半になると、神武天皇をはじめとする代々の天皇の物語となり、そこに直接神は登場しない。だが、神は沈黙しているわけではない。ときに託宣という形で、神の言葉が告げられることがある。

ここに掲げたものもその一つで、**『古事記』の垂仁天皇の箇所に登場**する。垂仁天皇は、実在が不確かな天皇である。

垂仁天皇は、自分の子どもが成長しても言葉を発しないため、それに落胆し、病に陥ってしまう。そのとき、天皇が夢のなかで聞いたのが、この託宣である。

夢に現れた神は、自らを祀る社を宮殿のように立派なものとして建てるならば、子どもはものを言うよう

になると伝えてきたのだ。

天皇は、占いをさせる。すると、その言葉が出雲の大神の御心から発しているということが判明する。出雲に祀られた大国主命の言葉だったわけである。

この大国主命の和魂とされる大物主も、疫病が流行したときに、垂仁天皇の父である崇神天皇の夢に現れ、「こは我が御心ぞ。意富多多泥古《おほたたねこ》をもちて、我が御前《みまへ》を祭らしめたまはば、神の気《け》起こらず、国安らかに平らぎなむ」（倉野憲司校注『古事記』岩波文庫）という託宣を下した。これが、大神神社※の起源であるとされる。

※大神神社《おおみわじんじゃ》：大物主大神を祭神として祀る、記紀神話にゆかりのある、日本最古の神社と言われている。御神体は、大物主大神が鎮まる三輪山。

Kotodama 21

西の方に國有り。金銀《くがねしろがね》を本《はじめ》と爲《し》て、目の炎耀《かがや》く種種《くさぐさ》の珍《めづら》しき寶、多《さは》に其の國に在り。吾《われ》今其の國を歸《よ》せ賜はむ。

『古事記』において仲哀天皇の事績を記した箇所に出てくる言葉である。仲哀天皇は第14代の天皇で、その名前が示すように、悲劇的な最後をとげる。

仲哀天皇は熊曾の国を討とうと決意し、筑紫まで赴く。そこで自ら琴を弾いて、神功皇后に神を降臨させる。皇后は依代の役割を果たした。

この言葉は、その際に皇后の口を通して発せられた神の託宣である。西の方に国があり、そこは豊かな宝に恵まれているので、その国をお前の支配下においてやろうというのだ。

仲哀天皇は、高いところに登って西の方を見てみた。ところがそこには、ただ海原が広がっているだけである。そのことを降った神に告げると、神は激しく怒り、**「凡《およ》そこの天の下は、汝《いまし》の知らすべき國にあらず。汝は一道《ひとみち》に向ひたまへ」**（同）と答えたのだった。

これも神功皇后の口から発せられたもので、おそらくそのときの皇后は、自らも激しい怒りの表情を浮かべていたことだろう。しかも、神が命じた天皇の向かう先は黄泉国であり、それは死の宣告を意味した。

家臣の建内宿禰が、ふたたび天皇に琴を弾くように促す。天皇はいやいやそれに従ったものの、琴の音はすぐに途絶えてしまう。暗闇のなかだったので火を掲げて見てみると、天皇は亡くなっていた。明らかに神によって殺されたのだ。

その後、建内宿禰がどの神の託宣なのかを尋ねると、天照大神の御心から出ており、これを行ったのは、底筒男、中筒男、上筒男という大阪の住吉大社の祭神だとされた。天照大神に逆らったがゆえに、仲哀天皇は悲劇的な死を遂げたのである。

天照大神は皇祖神であり、女神であるとされる。しかし、『古事記』において、高天原で須佐之男命と相対したときには、武装した姿で登場した。ここでも、天照大神は、天皇に対して侵略することを促している。

そうしたことを踏まえると、天照大神とは実は武神なのではないか、そんな思いが湧いてくる。女神ではないのではないかという疑いも生じる。逆に、天照大神が一般の人々に対して善い行いをしたという場面を見出すことはできない。

そもそも天照大神が伊勢に祀られることになったのは、最初朝廷において祀られていたのに、疫病などの災厄をもたらしたからである。大和にあった朝廷から引き離すために、遠い伊勢に祀られた。そのようにも考えられるのである。

仲哀天皇が、天照大神の御心によって命を断たれた後、玄界灘を渡って朝鮮を攻めたのが神功皇后だった。皇后は、天照大神の依代だった。まるで皇后には武神としての天照大神が乗り移ったかのような展開である。

その際、神功皇后は妊娠しており、後の応神天皇を宿していた。応神天皇はやがて八幡神と習合することになる。八幡神はそのために第二の皇祖神と考えられるようになるのだが、この神はまさに武家の神だった。

Kotodama 22

われ天神地祇《てんしんちぎ》を率《ひき》い、必ず成し奉《たてまつ》る。銅の湯を水となし、わが身を草木に交《まじ》えて障《さわ》ることなくなさん。

聖武天皇が東大寺に大仏を建立する事業を進めていたときに、八幡神から下された託宣である。八幡神は、天や地の神々を率い、自らのからだをなげうってでも、大仏建立の大事業をやり遂げると誓ったのである。八幡神は、『古事記』や『日本書紀』にはまったく登場しない神である。日本の神話には、その痕跡を見出すことができない。

それは、八幡神が外来の神である可能性を示している。実際、最初にこの神を北九州の宇佐地方で祀っていたのは渡来人たちであった。古代の日本社会において、渡来人が果たした功績は大きい。大仏の建立を行う際にも、鋳造の技術を教えたのは渡来人であったとされる。

八幡神が、はじめて日本の正史である『続日本紀』に登場するのは、この託宣が下る12年前の737（天平9）年のことである。八幡神は忽然と歴史の舞台に登場した。そして、この託宣を下した際には、八幡神に仕える巫女が上京し、それ以降は東大寺を守護する神として手向山八幡に祀られることになった。

とくに八幡神に対する信仰が高まるのは、宇佐神宮から石清水八幡宮に勧請されて以降のことである。それは平安時代に入ってからのことで、石清水八幡宮が平安京の南西、「裏鬼門」の方角にあったことから、都を守護する神と見なされるようになる。

そして、八幡神が応神天皇と習合することで皇祖神となると、伊勢神宮と並んで「二所宗廟」と呼ばれるようになる。皇祖神を祀る二大聖地というわけだ。

八幡神は、弓削の道鏡が皇位を簒奪しようとした事件の際には、天皇の勅使として宇佐に派遣された和気清麻呂に対して、「わが国は開闢このかた、君臣のこと定まれり。臣をもて君とする、いまだこれあらず。天つ日嗣は、必ず皇緒を立てよ。無道の人はよろしく早く掃除すべし」という託宣を下し、道鏡が天皇の位に就くことを阻んだ。

この事件については、いろいろと謎の部分があり、事実かどうかはっきりしないが、八幡神は皇統が正しく継承されるよう、ここでも朝廷に協力したことになる。

八幡神も、宇佐の現在地に祀られるまでには、多くの人間を殺す祟り神として性格を示した。けれども鎮座してからは、国のために尽くすことをひたすら目指すようになった。

このことは、八幡神を重要な存在に祀り上げることに貢献した。鎌倉時代の日蓮は、朝廷の信仰が伊勢から賀茂（上賀茂神社と下鴨神社）や八幡に移ってしまっていると述べていた。それも、八幡神が下した託宣が、好ましいものとして受け取られたからに違いない。

Kotodama 23

吾れ、久劫《きゅうごう》を経て、重き罪業を作し、神道の報いを受く。今冀《こいねがわく》は永く神身を離れんが為に、三宝に帰依せんと欲す。

奈良時代の763（天平宝字7）年、満願禅師という私度僧が、現在の三重県桑名市にある多度神社の東に道場を建立し、丈六の阿弥陀仏を造立したところ、祭神である**多度神から下された託宣**である。私度僧とは、正式な許可を得ないまま出家した僧侶のことをさす。

ここで多度神は、自分が長い期間にわたって重い罪を犯してきたため、神の身になるという報いを受けたと述べている。そこで、神の身を離れるため仏法に帰依すると誓っているのである。

神は尊い存在と考えられ、だからこそ神社に祀られているわけである。ところが、多度神は、自分が神となったのは罪業の結果だとしている。これは意外なことに思えるかもしれないが、仏教の立場からすれば、神でさえ解脱を果たしていない存在と見なされるのだ。

この託宣によって、多度神社のなかに神宮寺と呼ばれる寺が建立された。多度神宮寺である。この寺は、明治に入るときの神仏分離で廃寺となってしまうが、各地の神社には同じような論理に従って神宮寺が建てられた。

現在では、ほとんどの神宮寺が多度神宮寺のように廃寺になってしまったので、その痕跡を探すことが難しくなっている。けれども、中世から近世にかけて、主だった神社には必ず寺や仏教関係の堂宇が建てられた。それはまさに「神仏習合」というあり方を象徴する事柄であり、長い間にわたって日本人は、神と仏、神社と寺院が融合するのは当たり前だと考えてきた。

神宮寺が建てられた神社では、神社の管理に当たったのは僧侶だった。神像が祀られることもあり、僧侶は神前で読経を行った。現在では想像できないような光景がくり広げられていたのである。

こうした神仏習合の状況を生む上で、多度神の託宣は極めて重要な意味を持った。仏法がいかに大きな働きをするか、それが託宣のなかに示されているからである。

Kotodama 24

行者、宿報にてたとえ女犯《にょぼん》すとも
我、玉女《ぎょくにょ》の身となりて犯せられん
一生の間、よく荘厳《しょうごん》して
臨終には引導して極楽に生ぜしめん

託宣を下すのは神だけではない。これは、**浄土真宗の開祖となる親鸞が、京の都の六角堂（頂法寺）に籠もったとき、そこで示された聖徳太子のメッセージ**である。

聖徳太子は救世菩薩の化身と考えられていて、これは、救世菩薩が親鸞に向けて語ったことになる。親鸞が、前世における報いの結果、仏教では戒められている「女犯」を犯したとしても、救世菩薩である自分が玉女の身になって犯されよう。さらには、一生の間その人生を輝かしいものにし、死に際しては極楽に生ぜさせようと、救世菩薩は誓っているのである。

これは**「女犯偈《にょぼんげ》」**と呼ばれ、親鸞が妻帯するきっかけを与えるものになったとされる。だが、親鸞はこれによって法然の元に赴くことになったものの、妻帯には直接結びつかない。その点で、私は六角堂で示されたものが、この女犯偈ではないのではないかと考えているが、もしこれが事実なら、恐ろしいほどに官能的なメッセージである。

Kotodama 25

融通念仏をすすむる聖《ひじり》、いかに念仏をばあしくすすめらるるぞ、御房のすすめによりて一切衆生はじめて往生すべきにあらず、阿弥陀仏の十劫正覚に、一切衆生の往生は南無阿弥陀仏と決定《けつじょう》するところなり。信・不信をえらばず、浄・不浄をきらはず、その札をくばるべし。

これも、やはり鎌倉時代の時宗の開祖、**一遍に対して、熊野本宮の証誠殿において、阿弥陀仏を本地とする熊野権現が下した託宣**である。

一遍は各地を遊行して周り、その際に、「南無阿弥陀仏　決定往生六十万人」という札を配った。ところが、紀伊国で、ある僧侶から札の受けとりを拒否されてしまう。一遍はそのことで悩み、そこで熊野本宮に詣でた。熊野権現は、一遍が勧めたから衆生が往生するわけではなく、そのことはすでに阿弥陀仏によって決定されていることだから、気にせず札を配り続けるよう促したのである。

熊野権現は、もともとは熊野大神という神であったが、神仏習合の時代には権現とされ、仏が日本に現れた神として信仰された。権現と呼ばれる存在は、八幡大権現や蔵王権現など数多く生まれたが、それは皆、神でもあり、仏でもあった。

そうした権現は、仏法を守護する存在として重要な役割を果たしたのである。

第4章

教祖の言霊

幕末は、政治の体制が大きく変わる激動の時代だった。そこには、アメリカからの黒船来航が深く関係していた。これまで閉ざしていた国を開かなければならない。江戸幕府の体制は揺らぎ、新たな政治のあり方が求められた。近代化が喫緊の課題になったのだ。

そうした激動の時代に、新たな神が登場し、人々に対して強烈なメッセージを発した。新宗教の教祖たちが歴史の舞台に登場したのである。教祖たちは、誰もがただの庶民の出ではあったものの、言霊を発することによって、本人自体が神として崇められるようになる。

教祖の発する言葉は神の言葉であり、そこには人々を救う力があると信じられた。神は、それまでの社会体制を批判するとともに、人々の信仰のあり方をも問うた。これまで正しく神を信仰していないから、世が乱れるというわけだ。

神の言葉が厳しいものであればあるほど、神は威厳を持つ存在と見なされ、より強い信仰を集めた。神は、強い信仰を持ち、自らが示す手立てを実行に移すならば、必ずや救いをもたらすと約束した。

自分を救ってくれる神が目の前にいる。新宗教の教祖たちは、そうした感覚を人々に与えた。神社に祀られた神は、ただ祈りの対象となるだけだが、教祖は地上に現れた生き神であり、それにすがりさえすれば、救いは必ずもたらされると確信することができた。

重要なのは、教祖の言葉が予言としての性格を持っていたことである。

未来というものは、いつもはっきりしない。これからどういう事態が訪れるのか、人はそれを知りたいと思うが、知る手立てがない。

教祖は、未来がどうなるか、それを教えてくれる。未来を予言できるということが、教祖の証でもある。

人々が、もっとも未来を知りたいと願うのは、社会が激動しているときである。幕末維新期や終戦直後に多くの教祖が現れたのも、彼らの持つ予言の力への期待が高まったからである。

予言は当たるとは限らない。むしろ外れるのが宿命である。大本教の「大正十年立替之説」も外れた。それによって、教団を離れる人間も現れた。生長の家の谷口雅春らもその一人である。

そして、大本教は弾圧も経験した。それでも、教団として滅びてしまったわけではない。教団は再生され、勢力を拡大した。だからこそ二度目の弾圧を受けることにもなるのだが、教団を再生させていく上では、なぜ予言が外れたのか、それを説明する新たな言葉が必要である。新たな言葉の獲得が、教団に新しい力を与えていく。そこでも言霊が力を発揮することになるのである。

Kotodama 26

若きもの共は、此事を能《よう》聞れるが能《ゑい》ぞや。先一番に、親を神仏同様に取扱ひをしやうよ。朝起たならば、親に向つて三度づゝ拝をいたせしなば、如来様はお歓びでやぞよ。二番には、主人を太切に致し、三番には、非人《ひにん》、乞喰《こつじき》（食）、我より目下成ものを目上に見、貧成ものにても言葉を同じ様に掛。

幕末維新期に現れた新宗教の先駆となったのが、一尊如来きのを教祖とする如来教である。如来教には、『お経様』という教典があり、そこには、**天地を創造した主宰神である「如来」の言葉**が記されている。きのは、尾張国（現愛知県）熱田の貧しい農家の生まれだったが、神憑りするようになった彼女のもとには、尾張藩の藩士が集まってくるようになり、彼らが神の言葉を書き留めた。それも、今引用したように、親を敬うなど、封建社会の道徳に合致するようなことが説かれたからである。

ただ、最後の部分では、非人や乞食など、社会的に差別されている人間を、むしろ目上のように扱うべきだという考え方が示されており、封建社会の道徳を超えた平等思想が示されている。そこにこそ、新宗教、民衆宗教の重要性があったと見ることができる。

神が直接話しかける。そこには、教祖という媒介が存在したわけだが、そうした言霊に接した人々は、それまで知らなかった新しい世界に目覚めていった。これもまた、「御一新」への期待を生む、一つの要因になったのかもしれない。

Kotodama 27

「金を貯めやう、分限者（金持のこと）にならう」と思ふな。無事堅固を願うて、家業大切にせい。それが第一じや。　五一

Kotodama 28

数多の神々の社があるけれども、皆、金神の地所を貸（借）してあるのじや。　三七三

Kotodama 29

神様へは、なんでも願へい。
神は、頼まれるが役じやからのう。　四五二

Kotodama 30

金乃神と云へば親神じやに依つて、何事でも、
氏子が「願ふ」とある事なら守りてやる。（以下略）　四八二

27〜30は、幕末維新期に現れた新宗教の一つ、**金光教の教祖である金光大神の言葉**である。

金光大神は、幼名を源七と言い、川手家に養子に入って、川手文治郎と改名した。宗教活動をはじめてからは金光大神と名乗るようになるが、戸籍名は金光大陣となっていた。

金光大神が信仰した神は、「天地金乃神」である。これは陰陽道の方位神である金神《こんじん》に由来するものだが、金神は祟る神として民衆の間で恐れられていた。

金光大神は、金神を正しく拝むならば、それは祟ることなく反対にさまざまな利益をもたらしてくれると説いた。それによって、新たな神を戴く金光教という新宗教が誕生したのである。

金光大神の説く教えは、引用したように、如来教と同様素朴なものである。重要なのは、金光大神が、信者の願いを神に取り次ぐという行為を続けたことである。

現在でも、金光教の教主は、毎日午前3時40分に神を祀る会堂に出仕し、5時から取次をはじめる。取次は午後3時20分まで続く。教主が会堂を退出するのは4時40分のことで、取次は10時間以上にも及ぶ（食事の際には代勤者と交代する）。これが毎日続く。したがって、教主が本部を離れることはほとんどない。金光教の各教会でも、教会長がこの取次を行っている。

金光教の信者が、天地金乃神の発する言霊を真実のものとして受けとるのも、こうした教主や教会長の常人には仲々できない営みがあるからである。

Kotodama 31

1 万代《よろつよ》の世界一列見はらせど　むねの分かりた者はないから
2 そのはづや説いて聞かした事はない　何も知らんが無理でないそや
3 このたびハ神が表い現れて　何か委細《いさい》を説いて聞かする
4 この所大和の地場《しば》の神がたと　言うていれども元は知ろまい
5 この元を詳しく聞いた事ならば　如何《いか》な者でも皆恋しなる
6 聞ゝたくば尋ねくるなら言うて聞かそ　万委細《よろづいさい》の元の因縁《いんねん》
7 神が出て何か委細を説くならば　世界一列心勇《いさ》る
8 一列に早く助けを急ぐから　世界の心勇めかゝりて
9 だん〳〵と心勇んでくるならば　世界世の中所繁盛《ところはんじょ》
10 この先は神楽勤《かぐらづと》めの手をつけて　皆揃ふて勤め待つなり

11　皆揃て早く勤めをするならば　側《そば》が勇めば神も勇る
12　一列に神の心がいづむなら　ものゝ立毛《りうけい》か皆いづむなり
13　立毛のいづむ心は気の毒や　いづまんよふと早く勇めよ
14　立毛が勇みでるよと思うなら　神楽勤めや手踊りをせよ
15　このたびは早く手踊り始めかけ　これが合図の不思議なるそや
16　この合図不思議とゆうて見へてない　その日来たればたしか分かるぞ
17　その日来て何か分かりがついたなら　如何な者ても皆が感心
18　見へてから説いてかゝるは世界並み　見へん先から説いて置くそや

（中山みき『みかぐらうた・おふでさき』村上重良校注、平凡社）

幕末維新期に生まれた新宗教のなかで、もっとも大きく発展したのが天理教である。現在の天理教の信者数は100万人程度と考えられるが、新宗教のなかでは、創価学会に次ぐ信者数を誇っている。

本部は奈良県天理市にあり、関西では天理教はかなりの勢力になっている。

天理教が誕生するきっかけは教祖の神憑りであった。この神憑りについては、教団公認の教祖伝である『稿本天理教教祖伝』（天理教道友社）において述べられている。

『稿本天理教教祖伝』の本文はまず、「我は元の神・実の神である。この屋敷にいんねんあり。このたび、世界一列をたすけるために天降った。みきを神のやしろに貰い受けたい」という神の言葉から始まる。神は、1838（天保9）年10月24日、大和国山辺郡庄屋敷村（現在の天理市三島町）の中山善兵衛宅において、みきの口を通して言葉を語り出したというのである。

神のやしろとは、神がやどる依代を意味するものと思われた。

みきの夫である善兵衛をはじめ、中山家の跡取り息子である秀司の足痛を治すために行われた祈禱の場に集った人々は、突然現れた神の要求に大いに戸惑った。

ただ、神の要求を聞いた善兵衛は、このとき、前の年の冬から続いた中山家の災難に思い至った。

前の年、1837（天保8）年10月26日、17歳になった秀司は、母親のみきとともに麦蒔きのために畑仕事に出たおり、急に左足に痛みをおぼえた。秀司は、駒ざらえを杖にしてかろうじて家にたどり着くといったありさまだった。駒ざらえとは、土を砕いてならすために使う道具、杷《さらえ》のことである。早速、医者に見せたが、痛みは治まらず、中山家では、近在に聞こえた修験者、長滝村の市兵衛に祈禱を依頼した。

祈禱は効果をあげ、一旦痛みは治まった。しかし、すぐに再発し、それがくり返された。善兵衛が市兵衛に相談したところ、自宅で護摩を焚いて祈願する「寄加持」をするのがよいということになった。

そこで、勾田村のそよという女性を雇って、御幣を二本持たせて加持台とし、護摩を焚いて寄加持が行われた。それで秀司の痛みは治まったが、やはり再発し、寄加持は九度にもおよんだ。

明くる1838（天保9）年10月23日、秀司の足痛に加えて、善兵衛は眼、みきは腰を痛め、翌24日に寄加持を行うためにいつものようにそよを迎えにやった。

ところが、そよはあいにく不在で、やむなくみきに御幣を持たせ、加持台をさせたところ、祈禱の最中に、「元の神・実の神」と称する思いもかけない神が降ったのだった。

善兵衛は、突如として現れた神の要求はとうてい吞むことはできないとして、それを拒否する。修験者の市兵衛も、元の神と称する神に立ち去ってくれるよう願った。しかし、神はどうしても聞き入れず、みきの口調は厳しくなり、その様子も激しくなった。そこで一同が協議したが、やはり神の要求は呑めないという結論になり、重ねて断わった。

するとみきの様子は一変し、言葉も一段と厳しくなった。そして、「誰が来ても神は退かぬ。今は種々と心配するは無理でないけれど、二十年三十年経ったなれば、皆の者なるほどと思う日が来るほどに」（『稿本天理教教祖伝』）と、そこに集まった人々を諭すような口調で語りかけてきた。

それでも、一同が拒否すると、今度はそれまで以上に激しく、「元の神の思わく通りするのや、神の言うこと承知せよ。聞き入れくれたことならば、世界一列救けさそ。もし不承知とあらば、この家、粉もないようにする」（同）と脅しを掛けてきたのだった。

この神とのやりとりは、あしかけ三日続いた。その間、みきは御幣を手にして端座したまま、食事もとらず、休息もしなかった。静かに座っているときもあったが、響き渡るような声で神の意向を告げるときには、手が激しく揺れ動き、御幣の紙垂は散々に破れた。

このままでは、みきの一命も気づかわれた。そこで善兵衛は、26日の朝五ッ刻（午前8時頃）に、「みきを差し上げます」と、神の要求を呑んだ。これで、みきの激しい様子はようやくして鎮まったのだった。

以上が、『稿本天理教教祖伝』の冒頭に記された天理教の主宰神、天理王命がはじめてこの世に出現した場面である。天理教の教団では、みきが神のやしろと定まった1838（天保9）年10月26日を、天理教が始まった立教の日と定めている。

これは、天理教にとって、極めて重要な出来事であった。しかも、神懸りは実に劇的だった。ただ、実際にこうした出来事が起こったのかどうか、そこには疑問がある。

天理教では、1887（明治20）年のみきの死後から、みきの生涯をまとめ、教祖伝を作り上げようとする試みが行われることになるが、明治30年代に作成されたものでは、みきの精神の変調を伝えるものが少なくない。

たとえば、「天保八酉年、教祖四十歳の御時より何となく身体ゆらゆらとあいなれりとのこと」とか、「教祖は四十歳の時より、何となく身体ゆらゆらなりしと仰せたまへり」と述べるものがある。「四十歳頃から気の間違いといふようになりました」と指摘するものさえあった。さらに、「四十年の御としごろには、いはば人なみでなき心のふれたるかといふよふなことを」したと伝えるものもあり、精神の変調はみきの行動にまで現れていた。そのため、善兵衛は、伏見稲荷へ二度も三度も参拝したとされている。

善兵衛は、祈禱の札を貰ってきて、それを寝床の下に敷いた。また、長瀧村の市兵衛に頼んで護摩を焚いてもらい、勾田村のそよを銭200文で雇って、御幣をもたせたりしたというのだ。

天理教の立教に結びついたとされる1838（天保9）年10月の寄加持についても、秀司の足痛を治すためではなく、実は、みきの精神の病を治すために行われたとする説も存在する。みきの精神が変調をきたしていたのだから、それを治すために祈禱が営まれたとしても不思議ではない。

ただし、『稿本天理教教祖伝』には、みきの精神が変調をきたしたという話は載せられていない。

天理教が誕生する出来事については、このように謎があるわけだが、みきは、やがて庄屋敷村のお産の神さま、をびやの神さまとして近隣に知られるようになっていったとされる。

そこから、次第に信者が増えるようになり、天理教の教団が形成されていくことになる。

ただ、明治時代に入ると、政府の方針で、許可を受けていない教団が宗教活動をすることが禁じられたため、天理教はくり返し弾圧を受けた。

そのなかで、**1869（明治2）年から、みきは「御筆先《おふでさき》」という形で神の言葉を書き留めるようになる。引用したのは、その第1号**である。

そこでは、神の現れた経緯が語られ、それまで明らかにされていなかった神にまつわる真実が伝えられるようになったことが示される。それを示そうというのである。ここでは詳しくは述べられていないが、天理教では、みきのいた中山家の屋敷から人類が生まれたという考え方をとっていた。

そして、信者に対しては、神を讃えるための神楽を舞うように求めている。それによって神のこころが浮きたち、天理教が理想とする「陽気暮らし」が実現するというのである。

その点で、神の発する言霊は、一般の民衆の願いが凝縮されたものだったと見ることができる。そうでなければ、神の言葉が受け入れられることはなかったであろう。

Kotodama 32

三ぜん世界一同に開く梅の花、艮《うしとら》の金神《こんじん》の世に成りたぞよ。
梅で開いて松で治める、神国の世になりたぞよ。
日本は神道《しんどう》、神が構わな行けぬ国であるぞよ。
外国は獣類《けもの》の世、強いものの勝ちの、悪魔ばかりの国であるぞよ。
日本も獣の世になりて居るぞよ。
外国人にばかされて、尻の毛まで抜かれて居りても、
未だ眼が覚めん暗がりの世になりて居るぞよ。
是では、国は立ちては行かんから、神が表に現はれて、
三千世界の立替へ立直しを致すぞよ。用意を成されよ。
この世は全然《さっぱり》、新《さら》つの世に替へて了《しま》ふぞよ。
三千世界の大洗濯、大掃除を致して、天下太平に世を治めて、
万《ばん》古《こ》末代《まつだい》続く神国の世に致すぞよ。

神の申した事は、一分一厘違はんぞよ。

毛筋の横巾《よこはば》ほども間違いは無いぞよ。これが違ふたら、神は此の世に居らんぞよ。

天理、金光、黒住、妙霊、先走り、とどめに艮の金神が現はれて、世の立替を致すぞよ。

世の立替のあるといふ事は、何《ど》の神柱《かみばしら》にも判りて居れど、
何うしたら立替が出来るといふ事は、判りて居らんぞよ。

九分九厘まで知らしてあるが、モウ一厘の肝心の事は、判りて居らんぞよ。

三千世界の事は、何一とつ判らん事の無い神であるから、淋しく成りたら、
綾部の大本へ出て参りて、お話を聞かして頂けば、
何も彼《か》も世界一目《ひとめ》に見える、神徳を授けるぞよ。

神となれば、スミスミまでも気を付けるが神の役。

上ばかり好くても行けぬ、上下揃《かみしも》はねば世は治まらんぞよ。

洋服では治まらん、上下揃へて人民を安心させて、末代潰《つぶ》れぬ神国の世に致すぞよ。

用意を為《な》されよ。脚下《あしもと》から鳥がたつぞよ。それが日本をねらふて居る国鳥《こくとり》であるぞよ。

こちらも、同じく神の言葉である**「御筆先」だが、それを記したのは、大本教の教祖となった出口なお**である。なおが神憑りするようになるのは明治20年代になってからで、すでにその時点で、天理教の中山みきは亡くなっていた。

なおに降った神は、日本が外国の勢力によって蹂躙《じゅうりん》されていることを指摘した上で、神が世直しをすることを説いている。ただ、人々はそうした神の意志を十分には理解していない。その神の忸怩たる思いを理解せよと迫っているわけである。

なおの御筆先は、その女婿となり、大本教を大きく発展させていく出口王仁三郎の手によって『大本神諭』としてまとめられた。

なおは、みきが神憑りをするようになった天保年間、1836(天保7)年に、京都の福知山で桐村という大工の家に生まれた。その後、同じ京都の綾部にあった出口家の養子となり、婿養子を迎えた。二人のあいだには八人の子どもが生まれたが、生活は苦しく、なおが53歳のときに夫が亡くなったため、生活は困窮した。

はじめに神憑りをしたのは、他家に嫁いでいた三女で、初産がきっかけだった。これは、みきと共通している。続いて、やはり他家に嫁いでいた長女も神憑りし、長女の方はとくに激しかった。そして、なおも57歳のときに神懸かりする。腹のなかに強い力を発するものがいて、それが突如大きな声となって表に出てきたのである。

当時、この地域では、金光教が勢力を伸ばしていた。金光教では天地金乃神が信仰されていたわけだが、なおは、金光教の影響を受けて、自らに宿った神を「艮の金神」としてとらえた。艮(丑寅)は祟り神が潜む鬼門の方角である。なおは、艮の金神の言葉を伝える役割を果たすようになる。

最初なおは、金光教の枠のなかで宗教活動を展開していた。病気直しを行って、信者を増やすとともに、やがて、神憑り状態で筆をとり、神の言葉を書き記すようになる。それが「御筆先」だが、なおはその時点で、字を書けなかったとされている。なおは、亡くなるまで四半世紀にわたって「御筆先」を書き続けた。

「御筆先」は、ほとんど平仮名で記され、その内容は、それまで祟り神として鬼門に封じ込められていた金神が世に現れたことを説くものだったが、特徴的なのは、世の立て替え、立て直しを求める内容になっていたことである。「御筆先」は、引用したものに示されているように、当時の社会体制を否定し、世界の根本的な革新を求める終末論的な予言になっていた。

王仁三郎の方は、1871(明治4)年に京都府亀岡の貧農の家に長男として生まれた。大本教に出会う前に、亀岡にある高熊山という霊山の頂上近くの洞窟に一週間籠もり、修行をしたとされる。その後、静岡県清水の美保神社で宮司をしていた長沢雄楯に師事して霊学の修行を行い、鎮魂帰神法と審神学を伝授される。鎮魂帰神法は、霊を降ろすための方法であり、審神学は降った神がどういった存在であるかを見極めるための方法である。王仁三郎は、長沢の創設した稲荷講社に所属し、独自に「霊学会」を設立して、その会長となり、亀岡の北西に位置する園部で布教活動を行っていた。

王仁三郎は、1898(明治31)年に綾部を訪れ、なおと会う。最初、王仁三郎が稲荷講社の人間であることに対してなおが警戒したこともあり、すぐに園部へ戻ってしまった。

ところが、なおの方には、霊学を学んだ王仁三郎が艮の金神を世に出してくれるのではないかという期待があり、99年に王仁三郎をふたたび綾部に招いた。その結果、王仁三郎は、なおの五女であるすみと結婚し、それで出口姓となる。さらに、「金明霊学会」を組織して活動を展開するようになる。王仁三郎は、教団のなかで、「先生」と呼ばれた。

1900年から01年にかけて、なおは、「出修《しゅっしゅう》」と呼ばれる活動を実践するが、それは、「冠島・沓島開き」、「鞍馬山参り」、「水と火の御用」、「弥仙山ごもり」からなるものだった。

このうち、「冠島・沓島開き」は、舞鶴湾に浮かぶ小島、冠島と沓島に王仁三郎らと出向き、沓島に押し込められている「艮の金神」と、冠島、あるいはその付近の海底に押し込められている「竜宮の乙姫」を世に出すために祭事を営むものだった。

なおは、日露戦争が近づくと終末論的な予言を行うようになり、大本教の教団のなかではロシアとの戦争に敗れ、それを契機に、世の中が全面的に改まる「立替」への期待が高まった。ところが、日露戦争は日本の勝利に終わり、予言が外れたことに失望した信者が教団を脱けていったこともあり、王仁三郎も教団を離れることになる。

大本教を離れた王仁三郎は、京都にできた神職の養成機関、皇典講究分所に入って、神職の資格を得る。その後は、別格官幣社である建勲神社の主典（神主や禰宜の下の位の神職）となり、教派神道十三派に含まれる御嶽教や大成教（現神道大成教）の役員ともなった。

王仁三郎が不在のあいだに、大本教の教団の活動はすっかり停滞していた。王仁三郎は、1908（明治41）年、2年ぶりに綾部に戻り、大本教はこれで息を吹き返す。

王仁三郎は、『神霊界』という機関誌や『綾部新聞』という新聞を発行し、それを使って布教拡大を行っていった。鎮魂帰神の方法による神憑りの修行が実践できることが売り物で、綾部には、金竜殿、黄金閣、五六七殿といった建物が次々と建てられていった。

大正時代に入ると、日清、日露の二つの戦争に勝利をおさめた日本は、経済的にも大きく発展し、産業が勃興して、都市化も進んだ。そこに、「大正デモクラシー」と呼ばれる自由な文化が花開いた。

しかし、一方で急速な近代化、工業化は、社会矛盾を拡大し、労働争議が頻発し、米騒動も勃発した。そうした時代のなかで、大本教は、「大正維新」のスローガンを掲げて、社会の根本的な革新を説いた。そして、1920（大正9）年には、大阪の有力な日刊新聞『大正日日新聞』を買収し、その影響力は格段に高まった。これによって、大本教ブームが起こり、さまざまな人間が大本教に関心をもって近づいてきたり、信者になっていった。

そうした状況のなかで、大本教の内部では、「大正十年立替之説」が唱えられるようになる。1921年には、世界が壊滅的に破壊され、その後に、新しい理想の世界が出現するという終末論的な予言が主張され、熱狂的に信奉されるようになったのだ。

このように、大本教が過激な終末論を唱え、軍人を含めた多くの人間を集めるようになったことから、内務省や警察に警戒され、1921(大正10)年2月12日には、不敬罪や新聞紙法違反で取り締まりを受けた。いわゆる「第一次大本事件」である。王仁三郎や教団の幹部は、逮捕、起訴され、有罪判決が下されるものの、控訴審を行っている最中に大正天皇が崩御したため、裁判はそこで終結した。

なおは、この弾圧を受ける前の1918(大正7)年にすでに亡くなっていたが、王仁三郎は教団の復興につとめ、かなりの程度それに成功する。

しかし、王仁三郎には政治的な野心があり、満州に進出したり、政治家も巻き込んだ「昭和神聖会」を結成するなどしたため、その社会的な影響力を恐れた政府の側からふたたび弾圧を受けた。これが、1935(昭和10)年の「第二次大本事件」で、大本教は壊滅的な被害を受けたのである。

大本教自体は、その後、大幅に勢力を拡大したわけではない。だが、大本教にかかわった人間のなかには、自ら新宗教の教団を立ち上げた人物もいた。生長の家の谷口雅春がその代表である。

そうしたこともあり、大本教の教えや活動の方向性は、ほかの新宗教にも受け継がれた。さらに、大本教がくり返し世直しを訴えたことで、戦後には天皇制に挑戦し、果敢な戦いをくり広げた教団として、左翼の政治運動や学生運動の活動家にまで影響を与えたのだった。その点で大本教は特異な新宗教である。

Kotodama 33

天璽照妙《てんじしょうみょう》

これは、終戦後に現れ、大きな話題になった**璽宇《じう》という新宗教で唱えられる言葉**である。

璽宇のことが世の中に知られるようになったのは、1947（昭和22）年1月に金沢で騒ぎを起こし、警察によって検挙されたことによる。それまで璽宇は東京都杉並区関根町（現在の上荻）に本拠を構えていたが、家賃を滞納したため、家主に追い出された。そこで、石川県金沢市松ガ谷町（現在の高岡町）にあった信徒の自宅に移った。

その際に、璽宇の教祖である璽光尊は、69連勝をなしとげたことで有名な大相撲の元横綱、双葉山や囲碁の名人、呉清源をともなっていた。この二人は、金沢の街のなかで幟を立て、この「天璽照妙」と唱えながら練り歩き、神楽舞を披露した。これによって、璽宇と璽光尊は俄然注目を集めた。

璽光尊は、天変地異の予言を行い、近々大地震、大洪水が起こり、日本の大半が潰滅するとし、璽光尊に従えば救われると説いた。この予言が広まると、金沢の市民のなかには、家財道具を疎開させたり、東京の大学に行っていた子どもを呼び戻す者も現れた。測候所には地震についての問い合わせが殺到し、業務に支障をきたすほどだった。

正体の知れない宗教家が発する予言が、一般の人々に信じられるというのは、敗戦直後の混乱期に特有の現象である。

終戦後、昭和天皇は、いわゆる「人間宣言」を行い、自らが現人神であることを否定した。璽光尊は、そうした事態を踏まえ、天皇に代わって現人神となろうとした。

璽光尊は、自らの住居を「璽宇皇居」と称し、賢所、内陣、外陣、それに大膳所を設けた。家具や日常使う物には菊の紋章をつけ、腰巻きにまでそれを染め抜いた。転居を「遷宮」と呼び、独自の国旗や貨幣を定めた。内閣まで組織し、独自の年号「霊寿」を用いるようになる。そして、自分たちの存在をアピールするために、「行軍」や「出陣」をくり返したのだった。その先は、GHQにまで及んだ。

璽宇は取り締まりを受け、双葉山や呉清源が教団を去ったことで、その後は、あまりふるわなかった。現在では、おそらく消滅してしまったものと思われる。その点では、一時の徒花に終わってしまったわけだが、戦後史を彩る異色の存在であったことは間違いない。

Kotodama 34

蛆の乞食よ目を覚ませ。天の岩戸は開けたぞ。早く真人間に立ち帰れ。神の御国は今出来る。真心持ちほどバカを見る、思うた時代は、早や済んだ。崩れた世の中、おしまいですよ。敗戦国の乞食らよ、早よう目を覚ませ。お目々覚めたら、神の国。居眠りしておりゃ、乞食の世界。乞食の世界に座をなして、神様おいでと叫んでも、天の神様なんで乞食の世界まで、助けに行くよな神はない……

これは、璽宇と並んで終戦直後の日本社会を騒がせた**天照皇大神宮教の教祖、北村サヨが行った「歌説法」の一節**である。

璽宇が金沢で騒ぎを起こした翌年、天照皇大神宮教は東京に出現した。その際に、「踊る宗教」とあだ名された。１９４８（昭和23）年９月９日付朝日新聞は、この教団が前日、数寄屋橋公園に現れたときの様子を次のように伝えている。

「ナニワ節みたいであり、筑前ビワのごときところもある奇妙なフシ回しで老若男女とりまぜて二十名ばかり、無念無想の面持よろしく踊りまくる図には銀座マンも笑っていいのか、カナシンでいいのかポカンと口を開けての人だかり……」

この記事には写真も掲載されていたが、それを見ると、少女を含めた若い女性たちが、目をつぶったまま手を広げ踊っていたり、合掌している姿が写っている。その点では、老若男女という表現はあたっていない。彼女たちは恍惚とした表情をしており、それを群衆が取り囲み、信者たちが踊る様子を一心にながめている。記事では、「ポカンと口を開けて」と記されているが、写真の群衆のなかには、ポカンと口を開けているような人間は一人もいない。皆、真剣な表情をしており、笑っているような者もまったくいなかった。

記事や写真を見る限り、数寄屋橋公園には登場しなかったようだが、サヨは、月末に神田の共立講堂で説法会を行った。サヨの説法は浪花節を思わせるような独特のもので、そのときは延々4時間続いた。内容は、引用したようなものである。

蛆の乞食というのは、サヨが頻繁に使ったフレーズで、その意味について彼女は、「**蛆の乞食とは、便所**

の蛆が自分だけ上にあがろうと、蛆が蛆を踏み台にして、あがきもがきしている姿じゃ。蛆の乞食が地位や名誉や金を得んがため、裏道横道手ずる足ずる菓子箱まで使って、あがいているじゃないか、これを蛆の乞食というんじゃ」と解説していた。

終戦直後の日本の都市部は、戦争中の空襲などで荒廃し、風紀もかなり乱れていた。そのなかで、人々は生きていくためにあがくしかなかった。サヨは、そうした利己的に行動する人間を蛆の乞食と表現し、そのあり方を批判したのだった。

サヨが生まれたのは1900（明治33）年の元旦のことで、結婚した家の姑と折り合いをつけることに苦労した。

終戦直前の1944（昭和19）年には、祈禱師から生き神になると告げられ、その年の5月4日、サヨは、自分の肚のなかに何ものかが入り込み、しゃべり出すという体験をする。

肚のなかに入ったものは、サヨと話をし、命令まで下すようになる。サヨが、その命令に従わないと、身体が痛み、従うと痛みが消えた。やがて、肚のなかのものは、サヨの口を使って直接語り出すようになる。歌説法を行うのは、このサヨの肚のなかに入った神であった。

サヨによれば、その神は世直しを命じる「宇宙絶対神」で、皇大神という男の神と、天照大神という女の神からなっていた。サヨは、信者たちから「大神様」と呼ばれるようになる。

終戦直前の1945（昭和20）年7月22日に最初の説法を行ったが、それは、「宮城一棟を残して日本全土を焼き払うと神様は言うておられる」、「末法の世は終わり、日本の夜明けは近づいている」、「これからが、本当に神の国を建設する時代じゃ」と、世直しを呼びかけるものであった。

興味深いのは、後に首相となる岸信介との関係だった。サヨのいた田布施は、岸とその弟佐藤栄作を生んだ土地でもあった。二人も総理大臣を生んだ町はほかにない。サヨは、その岸とかかわりがあった。

敗戦後に岸は戦争責任を問われ、A級戦犯被疑者として逮捕された。彼は巣鴨拘置所に拘留される前、田布施の実家に戻ってくるが、そこにサヨがやってきて、「3年ほど行ってこい。魂を磨いたら、総理大臣として使ってやるわい」と言って周囲を驚かせた。

岸は、戦犯としては無罪になったが、公職追放となる。ワシントン講和条約が発効し、追放解除になると、衆議院議員選挙に出馬し、当選を果たす。そして、1957（昭和32）年には、前年の自民党総裁選で石橋湛山に敗れたものの、石橋が政権を担ってからわずか2カ月後に脳軟化症で倒れたため、外務大臣として入閣していた岸が第56代の首相に就任する。

岸は、首相に就任直後、田布施に里帰りを果たすが、そのとき地元はお祭り騒ぎになった。サヨもまた、バイクの荷台に乗って、岸のもとを訪れている。サヨは祝いの言葉を述べ、「**あんたは国を治めなさい。わしは世界を治める**」という託宣を下した。

サヨとしては、自分は総理大臣よりも上の位にあって、世界を支配する者であると認識していたことになる。それも彼女には、璽宇と同じく皇祖神としての自覚があったからである。

新宗教は言霊の宝庫である。

それは、新宗教の教祖、開祖が生き神として信仰の対象になったからで、彼らの発する言葉は、そのまま神の言葉であった。

しかし、時代が進むにつれて、生き神が現れることは少なくなった。現在、ここに取り上げたような生き神は、実質的に存在しなくなったのではないだろうか。

生き神がいなくなれば、新宗教はその力を失う。言霊あってこその新宗教なのである。

第5章

言霊としての文語

仏教もそうだが、儒教や道教、そしてキリスト教は、日本人にとって外来の宗教である。ただし、外来の宗教ではあるものの日本での歴史はどれも相当に長い。儒教や道教なら1500年は経っているし、キリスト教もはじめて伝えられてからは500年以上の歴史を持っている。その分、私たちは、仏教とともに、こうした外来の宗教に親しんできた。

こうした外来の宗教は、仏教と同様に創唱者が存在する。孔子、老子、そしてイエス・キリストである。創唱者は教えを説いたわけで、それぞれの聖典には創唱者の言葉が示されている。

外来の宗教であるからには、教えは外国語で記されており、それは日本語に翻訳しなければ、一般の人間は読むことができない。

翻訳は、今巻で使われている言葉によるべきだという考え方もある。しかし、現代の口語というものは、意味はとりやすくても、言霊を伝えるにはまったく不向きである。キリスト教の聖書の文語訳が今でも人気があるのは、その点が影響してのことであろう。

したがって、この章では、外来の宗教の聖典からの引用を文語で試みることとした。なぜ文語の方が好ましいのか、なかなかその理由を言葉にして説明することは難しいのだが、いかにも聖人が発している言葉だという印象は受けるはずである。

文語とは

文字で書かれた言葉の総称。日常の話し言葉とは異なり、書き言葉とも。
正式な文章として認められたものは平安時代の和文の流れをくむ。
そのため、文語すなわち古語と考えられるようになった。

Kotodama 35

子《し》曰《いわ》く、学びて時に之《これ》を習う。亦《また》説《よろこ》ばしからずや。
朋《とも》有り、遠方より来たる。亦楽しからずや。
人知らずして慍《いきど》おらず、亦君子ならずや。

言うまでもなく、これは、『論語』の最初に掲げられた言葉である。読んでみると、はっきりとは意味が分からないところもあるかもしれないが、すっとこころに入ってくる気がする。

これを現代語に訳すと、次のようになる。

先生——「ならってはおさらいするのは、たのしいことだね。なかまが遠くからくるのは、うれしいことだね。知られなくても平気なのは、りっぱな人じゃないか」（魚返善雄『「論語」新訳』学生社）

この訳を行った魚返は中国文学の研究者で、たくさんの著作がある。訳文は相当に工夫されていて分かりやすい。なるほど、孔子はこういうことを言っているのか、たちどころにそれが理解できる。

しかし、この現代語訳からイメージされる孔子は、近所に住んでいるただのおじさんのようでもある。冒頭に引用した漢文の読み下しから感じられる哲学者としての孔子のイメージとはかなり隔たっている。やはり、『論語』は文語に限る。そのように感じられるかもしれない。「子曰わく」という独特のフレーズは、日本の文化のなかに深く根を下ろしている。

Kotodama 36

道の道とすべきは、常の道に非ず。
名の名とすべきは、常の名に非ず。
名無きは天地の始めにして、名有るは万物の母なり。
故に常に無は以て其の妙を観んと欲し、
常に有は以て其の徼《きょう》を観んと欲す。
此の両者は同じきより出でて名を異《こと》にす。
同じく之を玄と謂《い》う。
玄の又玄は、衆妙《しょうみょう》の門なり。（體道第一）

老子の言葉である。孔子も実際には伝説上の人物とも言われるが、老子になると、本当にそんな人物がいたのか、実在はかなり怪しい。その生涯もまるで仙人のようで、完璧に浮き世ばなれしている。老子の言葉を記した『道徳経』は、ただ『老子』とも言われるが、なかなか深い哲学的な内容を持っている。とくに、「道」という言葉が多用されるが、これは欧米で「タオ（Ｔａｏ）」と訳され、神秘的な真理のイメージでとらえられている。これも、『論語』と同じように現代語に翻訳することができる。たとえば、イスラム教を中心とした東洋思想について研究した井筒俊彦は、最初の文を、「『道』（という言葉）によって示されうるような道は、〈道〉ではない」（『老子道徳経』（井筒俊彦英文著作翻訳コレクション）慶応義塾大学出版会）と訳している。

たしかに、そのように翻訳するのが正しいのだろう。けれども、翻訳によって失われるものの方がかえって大きい。少なくとも、読み下しの方が覚えやすいことは間違いない。

文語は、もっぱら文章に使われる言葉である。しかも、現代の文体とはかなり異なっている。表現も古くさく、意味の分からないところが数多く出てくる。しかし孔子や老子の言葉は文語で読まなければ、その本当の意味は伝わってこないように思える。

文語でしか表現できないものがあるのだ。文語には言霊が宿っている。そう言ってもいいだろう。それに比べると、言霊を宿した現代語を見出すことはひどく難しい。

Kotodama 37

悪《あし》きものの謀略《はかりごと》にあゆまず、
つみびとの途《みち》にたたず嘲《あざけ》るものの座にすわらぬ者はさいはひなり。
かかる人はヱホバの法《のり》をよろこびて日《ひる》も夜もこれをおもふ。
かかる人は水流《ながれ》のほとりにうゑし樹の期《とき》にいたりて
実をむすび葉もまた凋《しぼ》まざるごとく、その作《なす》ところ皆さかえん。
あしき人はしからず風のふきさる粃糠《もみがら》のごとし。
然《され》ばあしきものは審判《さばき》にたへず罪人《つみびと》は義《ただし》きものの会《つどひ》にたつことを得ざるなり。
そはヱホバはただしきものの途《みち》をしりたまふ、
されど悪《あし》きものの途《みち》はほろびん（第1篇）

文語訳の**旧約聖書『詩篇』の第1篇**である。これが、現代ではもっともよく用いられる「新共同訳」だと、次のようになる。

1　いかに幸いなことか
神に逆らう者の計らいに従って歩まず
罪ある者の道にとどまらず
傲慢な者と共に座らず
2　主の教えを愛しその教えを昼も夜も口ずさむ人。
3　その人は流れのほとりに植えられた木。ときが巡り来れば実を結び
葉もしおれることがない。その人のすることはすべて、繁栄をもたらす。
4　神に逆らう者はそうではない。彼は風に吹き飛ばされるもみ殻。
5　神に逆らう者は裁きに堪えず
罪ある者は神に従う人の集いに堪えない。
6　神に従う人の道を主は知っていてくださる。神に逆らう者の道は滅びに至る。

『詩篇（新共同訳では「詩編」）』は、神を讃えるための儀式の際に唱えられるもので、本来は歌である。神についての歌として、文語と口語（現代語）のどちらがふさわしいか、声に出して読んでみれば明らかである。新共同訳の作業にあたった人たちはキリスト教の信仰者であり、訳文が十分に信仰を表現したものになり得るよう試行錯誤を重ねたに違いない。

けれども、現代の言葉には限界がある。新共同訳は、たんに言葉の意味を追っているだけで、そこに言霊は宿っていないのだ。

Kotodama 38

安息日は人のために設けられて、
人は安息日のために設けられず。
されば人の子は安息日にも主たるなり。

新約聖書の『マルコ伝福音書』、第2章27節から28節にあるイエス・キリストの言葉である。こちらは文語訳で、新共同訳（『マルコによる福音書』）では、次のように訳されている。

安息日は、人のために定められた。人が安息日のためにあるのではない。だから、人の子は安息日の主でもある。

残念ながら、新共同訳からは、イエス・キリストの人物像がうまく浮かんでこない。文語訳では、最後の「なり」という言葉が効いている。なりは、否定のできない真理を告げるのにふさわしい表現なのである。

岩波文庫から文語訳の聖書が刊行され、そこでは「日本の聖書翻訳史上最高の名訳」とうたわれている。こうした本が改めて今の時代に刊行されるのも、信仰を表現する言葉としては、文語がふさわしいと考える人たちが少なくないからだ。

Kotodama 39

爾時世尊《にじせそん》。従三昧《じゅうさんまい》。安詳而起《あんじょうにき》。
告舎利弗《ごうしゃりほつ》。諸仏智慧《しょぶつちえ》。
甚深無量《しんじんむりょう》。其智慧門《ごちえもん》。
難解難入《なんげなんにゅう》。一切声聞《いっさいしょうもん》。辟支仏《ひゃくしぶつ》。所不能知《しょふのち》。

『法華経』のなかで重要視されている「方便品第二」の冒頭の部分である。

これを『法華経』について知らない人間が聞いても、意味はまるで分からない。それは、『法華経』だけのことではなく、お経全般について言えることだ。

これを読み下すと、「その時、世尊は、三昧より安詳として起ちて、舎利弗に告げたもう。『諸仏の智慧は、甚だ深くして無量なり。その智慧の門は解り難く入り難くして、一切の声聞・辟支仏の知る能わざる所なり』」となる。これでも、聞いただけでは意味は分からない。

現代語訳となると、「そのとき、世尊は前世における誓願をはっきりと自覚して、瞑想から立ち上がると、シャーリ＝プトラ（舎利弗）長老にはなしかけた。『シャーリ＝プトラよ、仏の智慧は深遠で、見きわめがたく、理解しがたい。完全な「さとり」に到達した阿羅漢である如来たちがさとった智慧は、すべての声聞や独覚たちには理解しがたい』」（坂本幸男・岩本裕訳注『法華経』上、岩波文庫）となる。たしかに、その意味はかなり分かる。けれども、それで有り難い教えを聞いていると感じられるかどうかとなると、その点はかなり怪しい。

意味の分からないお経は、葬式のときのたんなるBGMだと言う人もいる。けれども、そうした人が、現代語になったお経を聞いたとしたら、果たしてこちらの方がいいと言うものだろうか。

仏教には、「荘厳」という言葉がある。これは、仏像やそれを祀った堂宇を美しく、また厳かに飾るということをさす。お経の場合にも、同様に、文章を飾ることで、釈迦の教えがいかに重要なものであるかを示す必要がある。そのとき、意味が分かるかどうかよりも、文章として美しく聞こえるかが問われる。現代の言葉は、そうした役割を果たすことができないのである。

Kotodama 40

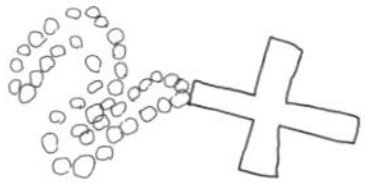

Pater noster, qui es in caelis,
sanctificetur nomen tuum,
adveniat regnum tuum,
fiat voluntas tua,
sicut in caelo, et in terra.
Panem nostrum supersubstantialem da nobis hodie;
et dimitte nobis debita nostra,
sicut et nos dimittimus debitoribus nostris;
et ne inducas nos in tentationem,
sed libera nos a Malo.

パテル　ノステル、クィ　エス　イン　チェリス、
サンクティフィチェトゥル　ノメン　トゥウム、
アドヴェニアト　レ（ン）ニュム　トゥウム、
フィアト　ヴォルンタス　トゥア、
スィクト　イン　チェロ、エト　イン　テッラ。
パネム　ノストルム　スペルスブスタンツィアレム　ダ　ノビス　オディエ、
エト　ディミッテ　ノビス　デビタ　ノストラ、
スィクト　エト　ノス　ディミッティムス　デビトリブス　ノストリス、
エト　ネ　インドゥカス　ノス　イン　テンタツィオネム、
セド　リベラ　ノス　ア　マロ。

キリスト教の信者が唱える「主の祈り」のラテン語である。

キリスト教のカトリックでは、１９６０年代はじめに第二バチカン公会議が開かれるまで、日曜日のミサではラテン語が用いられていた。

それが、この公会議以降は、ラテン語は用いられなくなり、意味が分かるよう各国語で行われるようになった。

「主の祈り」は、それ以前から日本語で唱えられていたが、現代のものは次のようになっている。

天におられるわたしたちの父よ、
み名が聖《せい》とされますように。
み国が来ますように。
みこころが天に行われるとおり
地にも行われますように。
わたしたちの日ごとの糧を今日もお与えください。
わたしたちの罪をおゆるしください。
わたしたちも人をゆるします。
わたしたちを誘惑におちいらせず、
悪からお救いください。

ミサでラテン語が用いられなくなったとき、信者のなかには有り難みが薄れたと感じた人たちが少なくなかった。意味がはっきりと分かるようになったことで、そうした感覚が生まれるわけである。
それは、「主の祈り」についても言える。次に掲げる文語だと、イメージはかなり違ったものになってくる。

天にまします我らの父よ
願わくは
み名の尊《とうと》まれんことを
み国の来たらんことを
み旨《むね》の天に行わるる如く
地にも行われんことを
我らの日用の糧を今日我らに与え給え
我らが人に許す如く我らの罪を許し給え
我らを試みに引き給わざれ
我らを悪より救い給え

最後の部分、「悪からお救いください」に比べたとき、「我らを悪より救い給え」の方は、それを口にする人間が自らの悪を自覚し、そこからの救いを切実に願っているという印象を与えるのではないだろうか。

Kotodama 41

いつくしみ深き　友なるイエスは
罪とが憂いを　とり去りたもう
　こころの嘆きを　包まず述べて
などかは下ろさぬ　負える重荷を
いつくしみ深き　友なるイエスは
われらの弱きを　知りて憐れむ
　悩みかなしみに　沈めるときも
祈りにこたえて　慰めたもう
いつくしみ深き　友なるイエスは
かわらぬ愛もて　導きたもう
　世の友われらを　棄て去るときも
祈りにこたえて　労《いた》わりたまわん

キリスト教の**賛美歌**のなかでもっともよく歌われる**312番「いつくしみ深き」**である。結婚式や葬式でも歌われるので、信者でない人も聞いたことがあるだろう。やはりこれも文語である。現代語となった歌詞もあるが、イエスの偉大さを表現するものにはなっていないように思われる。

現代の言葉が、言霊を宿すことが難しいということは、現代において信仰を持つことそのものが難しいことを意味する。

Kotodama 42

太初《はじめ》に言《ことば》あり、言《ことば》は神と偕《とも》にあり、言《ことば》は神なりき。

文語訳の**『ヨハネ伝福音書』の冒頭**にある言葉である。
新共同訳の『ヨハネによる福音書』では、次のように訳されている。
初めに言があった。言は神と共にあった。言は神であった。

この箇所は、いかに言葉というものが重要かを示すために引用されることが多い。世界は言葉からはじまるというわけである。

太初に言霊あり、言霊は神と偕にあり、言霊は神なりき。

そう言ってもいいのかもしれない。

第6章 歴史のなかの言霊

これはどの国の文化にも共通して言えることだが、詩や歌は言葉の持つ特別な力を背景として作り出されるものであり、ひとたびそれが音として発せられると、人を感動させたり奮い立たせたりする。この章では、そうした詩歌の代表的なものを見ていくことにする。

詩歌が言霊を持つのは、そこに韻律があるからである。日本語の韻律の特徴は、五拍や七拍を基本とする五七調や七五調に示されている。そこには、中国の詩歌における五言や七言が影響しているが、五七調や七五調は日本人のリズム感覚に深く根づいている。

五七調の代表は『万葉集』であり、そこに収められた歌は荘重な響きを持っている。一方、七五調は『古今和歌集』以降に使われるようになるが、和歌だけではなく語り物にも用いられ、優雅さを特徴としている。俳諧、俳句も、こうした伝統的な韻律にもとづいて生み出されたものである。

和歌や俳句を嗜む人は今でも多いが、昔は、歌を詠むということは天皇や貴族、武士といった権力者にとっては必須の表現手段になっていた。宮中の年中行事の一つに「歌会始」があるが、それは鎌倉時代からはじまる伝統である。

一方で、歴史のなかには、ときに時代を動かす力を持つ言葉がいくつも登場してきた。とくに幕末から明治維新の時代にかけては、そうした言葉が多かった。それはちょうど、第4章でふれた新宗教の教祖たちが登場してくる時代と重なる。

一つの言葉が社会全体に共有されることで、社会は大きく変わっていく。それも言葉が、これまでとは異なる新しい時代の到来を具体的な形でイメージさせてくれるからである。

Kotodama 43

籠《こ》もよ　み籠《こ》持《も》ち　ふくしもよ　みぶくし持ち
この岡に　菜《な》摘《つ》ます児《こ》　家《いえ》告《の》らな　名《な》告《の》らさね　そらみつ　大和の国は
おしなべて　我こそ居《を》れ　しきなべて　我こそいませ　我こそば
告《の》らめ　家をも名をも

日本最古の和歌集『万葉集』の冒頭の歌である。歌ったのは大泊瀬稚武《おおはつのせわかたけ》天皇、つまり雄略《ゆうりゃく》天皇のことである。雄略天皇は、中国の歴史書に登場する「倭の五王」のうち「武」に相当し、5世紀末に在位したと考えられている。その点で、実在した可能性がかなり高い天皇である。

『万葉集』がいつ編纂されたかについてははっきりしたことは分からない。研究者の間ではさまざまに議論されており、8世紀の後半、奈良時代のことではないかというのが有力らしい。

その説が正しいなら、雄略天皇の歌は、『万葉集』に収められるまで、300年にわたって、なんらかの形で詠み継がれてきたことになる。

この歌の意味について、岩波文庫版（佐竹昭広・山田英雄・工藤力男・大谷雅夫・山崎福之校注）では、「かごも、よいかごを持ち、へらも、よいへらを持って、この岡で若菜を摘んでおられるおとめよ、家をお告げなさいな、名を名のりなさいな。（そらみつ）大和の国は、ことごとく私が治めているのだ、すべて私が支配しておられるのだ。私こそ告げよう、家も名前も」とされている。

『万葉集』に収められた歌は、天皇をはじめ身分の高い人物が詠んだものもあれば、遠い国に兵士として送られた「防人」のような庶民が詠んだものも含まれる。

歌を詠む慣習が、日本において古くから成立していることは注目される。天皇のような支配者が自らの思いを歌に託すということは、ほかの国にはあまり見られない日本独自の文化である。中国でも、皇帝が頻繁に漢詩を詠むことはなかったのではないだろうか。

『万葉集』は、本来は「万葉仮名」で記されている。万葉仮名は、漢字を仮名としても使ったものである。今あげた雄略天皇の歌は、万葉仮名で次のように表記される。

籠毛與　美籠母乳　布久思毛與　美夫君志持　此岳尓　菜採須兒　家告閑名　告紗根　虚見津　山跡乃國者
押奈戸手　吾許曽居　師吉名倍手　吾己曽座　我許背齒　告目　家呼毛名雄母

古代の日本人が、自分たちの言葉を漢字を使ってどのように表現しようとしたか、ここからは相当に苦労した様子が伝わってくる。やがて平仮名や片仮名が作り出されることになる。

冒頭の歌を声に出して詠んでみると、韻も踏んでおり、なかなかに調子がいい。そこには独特のリズムがある。

『万葉集』に収められた歌が詠まれてから、日本人は膨大な数の歌を詠んできた。歌を詠むということは、独特のリズムに身をゆだねるということでもあり、歌い手たちは、そこに心地よさを感じてきた。

歌には特別なものがある。日本人が歌を詠み続けてきたことが、言霊という考え方を生む一つの要因になった。

和歌のなかには、「国ほめ」と呼ばれるものがある。これは、国土の美しさを詠んだもので、雄略天皇の歌もその一つに含まれる。国ほめとして代表的なものは、『古事記』に収められた、次のヤマトタケルによるものだ。

Kotodama 44

倭は　国のまほろば　たたなづく
青垣　山隠れる　倭しうるはし

『日本書紀』の方では、**ヤマトタケルの父、景行天皇によるもの**とされる。『古事記』と『日本書紀』で歌の作者が異なるのは、歌だけが伝えられてきたからであろう。

歌にして表現することによって、目の前に広がる光景は、それまでとは異なるものとして受けとられる。まほろばとは、優れた良い所の意味である。そう歌われることによって、この歌を聞いた人は倭（大和）の自然に関心を向ける。なぜ美しいのか。歌は、重なり合った山のなかにあることの美しさを教えてくれる。だから、大和は素晴らしい国なのか。歌を口ずさみながら、目の前に広がる光景を眺めてみると、今まで気づかなかったその美しさが心にしみわたってくるのである。

Kotodama 45

草の戸も　住み替はる代ぞ　雛の家

日本最高の俳人、松尾芭蕉が有名な**『奥の細道』の旅に出るときに詠んだ句**である。この旅で詠んだ句には優れたものが多い。

○あらたふと　青葉若葉の　日の光
○夏草や　兵《つわもの》どもが　夢の跡
○五月雨《さみだれ》の　降り残してや　光堂
○蚤虱《のみしらみ》　馬の尿《ばり》する　枕もと
○閑《しずか》さや　岩にしみ入る　蝉の声
○五月雨を　あつめて早し　最上川
○荒海や　佐渡によこたふ　天の河
○一家に　遊女もねたり　萩と月

芭蕉は江戸を出発した後、北上し、東北地方をめぐる。それから日本海に出て北陸地方を西へ向かい、最後は岐阜県の大垣にたどり着く。

最後にあげた遊女の句は、新潟県にある難所、親不知を超えて市振に泊まったときに詠まれたものである。不思議なことに、それ以降、大垣にたどり着くまでに詠まれた句には優れたものがない。長い旅が、さすがに響いたのだろうか。

現代では、季語を含む五七五の定型の句は「俳句」と呼ばれるが、芭蕉の生きた江戸時代には「俳諧」と呼ばれた。

俳諧のもとは「連歌」である。『万葉集』に収められた歌からは、五七五七七の「和歌」が生まれた。さらに、五七五の上の句に対して、七七の下の句を別の人間が詠むやり方が生まれ、とくにそれは恋人同士が愛を交換するために用いられた。

それをさらに、また別の人間が上の句をつけ、続けていくのが連歌である。芭蕉は、連歌の最初にくる五七五の発句を独立させて俳諧を生んだ。

芭蕉は俳諧の生みの親ということになるが、芭蕉以上に才能のある俳人は現れなかった。それ以来、数限りない句がさまざまな人間によって詠まれてきたものの、芭蕉の句に匹敵するものを見出すことは不可能である。

いったいなぜ芭蕉の句が優れているのか。それを説明することは相当に難しいことだが、芭蕉は決して難しい表現を使っているわけではない。目の前にある光景がそのまま句になっている。和歌であれば、本歌取りなどの技法があり、それを知らないと十分に意味するところを理解できないが、芭蕉の句は、そこで詠まれた光景からどういうことを感じとることができるのか、その可能性を極限まで追い詰めているようにも感じられる。

「蚤虱　馬の尿する　枕もと」の句など、芭蕉がどのような形で旅をしていたのかを伝えてくれるもので、決してそれが快適なものではなかったことを示している。ところが、いったん芭蕉の手にかかると、その光景がひどく懐かしいものにも感じられてくる。言葉にはそれを発する人の思いが込められており、思いが深いほど、その言葉は人を魅する力を持つことになるのである。

芭蕉の句は、人間は進歩していくものなのか、それとも退化していくものなのか、根本的な問題を提起しているとも言える。

Kotodama 46

古池や　蛙飛びこむ　水の音

これは、『奥の細道』の旅でのことではなく、**江戸深川の芭蕉庵での句会で詠まれたもの**だ。おそらく、芭蕉の句のなかでもっともよく知られたものだろう。

この句の最初の形は、**「古池や蛙飛ンだる水の音」**ともされる。詠まれた最初の段階から、かなりの評判となったらしい。

この句がどうして優れているか、それを説明することも難しい。蛙が古い池に飛び込んだときの情景を詠んでいるわけだが、それはただ一度のことではなく、永遠にくり返されているようにも思えてくる。今この瞬間にも、どこかで蛙が古池に飛びこみ、その音が辺りに響き渡っているのだ。

俳句にも言霊が宿っている。この句こそ、それを思わせる。

Kotodama 47

柿くへば　鐘が鳴るなり　法隆寺

正岡子規の句である。子規は近代俳句を確立したと言われるが、生涯に20万を超える句を詠んだ。そのうちの代表作がこれになる。たしかに、ほかに知られた子規の句は必ずしも多くはない。私は、これ以外には、**「秋風や　囲いもなしに　興福寺」**くらいしか思いつかない。

子規という人物は、むしろ夏目漱石や秋山真之といった同級生との人間関係が注目されてきた。後は、病のなかで書かれた『病牀六尺』などが読み継がれている。

この子規の句、芭蕉の「古池や」と共通点がある。ともに、そこに登場する蛙が緑を、柿が赤を連想させ、その色が頭に浮かぶ。そこに、水の音と鐘の音という音が重なる。出来事はともに一瞬である。色と音とが一瞬にしてイメージとして立ちのぼる。それが優れた句を生む決定的な要因なのかもしれない。

Kotodama 48

知らざあ言ってぇ聞かせやしょう
浜の真砂《まさご》と五右衛門が
歌に残せし盗人《ぬすっと》の
種は尽きねぇ七里ヶ浜
その白浪の夜働き
以前を言やぁ江ノ島で
年季勤めの児《ちご》ヶ《が》淵《ふち》
百味講で散らす蒔銭《まきせん》を
当《あ》てに小皿の一文《いちもん》字《こ》
百が二百と賽銭の

くすね銭《ぜに》せぇだんだんに
悪事はのぼる上の宮《みや》
岩本院で講中の
枕捜しも度重なり
お手長講《てなごこう》と札付きに
とうとう島を追い出され
それから若衆《わかしゅ》の美人局《つつもたせ》
ここやかしこの寺島で
小耳に聞いた祖父さんの
似ぬ声色で小ゆすりかたり
名せえ由縁の弁天小僧
菊之助たぁ俺がことだぁ

江戸時代から明治時代にかけて活躍した歌舞伎作家、河竹黙阿弥の代表作である『**弁天小僧（白浪五人男）**』**に出てくる弁天小僧の台詞**である。なお、正式な演目は『青砥稿花紅彩画』と言う。

ここでの台詞は七五調で、いかにも江戸を感じさせる名調子である。類語や掛詞も駆使されている。歌舞伎役者にとって、この「黙阿弥調」をいかにマスターし、聴かせることができるかが勝負になる。

歌舞伎を含め、演劇というものは、原則として、役者が本人とは異なる別の人物を演じるもので、それでも登場人物にいかにリアリティーをもたせるかが鍵になってくる。

この箇所は、弁天小僧が自らの経歴について語ったもので、いわば自己紹介である。その内容はとても褒められたものとは言えない。また、他人に対して誇れるようなものではない。

ところが、一旦悪の世界に堕ちてしまった弁天小僧としては、なれるものなら大悪党になりたいという願望がある。その点で、見くびってもらっては困るというアピールも、この台詞には込められている。よどみない七五調の台詞は、それ自体が喧嘩を売っているようでもある。喧嘩の勝負をつけるには、一方的にまくし立てて相手を圧倒しなければならない。

弁天小僧に限らず、黙阿弥の台詞は、狡猾ではあるが、ひどくこ気味いい人物を立ち現せる力を持っている。これも言霊の一種にほかならない。

七五調の背景には、五七五の俳諧があり、五七五七七の短歌がある。それは、日本に特有の文化なのである。

Kotodama 49

ええじゃないか

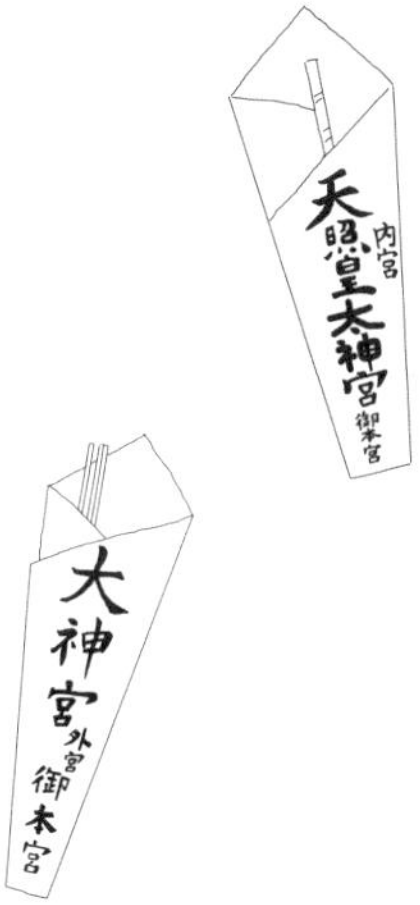

「ええじゃないか」は、幕末に起こった騒動の一つである。天から伊勢神宮の札が降ってきて、それはめでたいことの先駆けとされ、庶民は、それに「ええじゃないか」という唱え言葉で答えた。「ええじゃないか」は、当時の世相を反映し、「今年は世直りええじゃないか」とか、「長州がのぼた、物が安うなる、えじゃないか」といった使われ方をした。

唱え言葉のなかに世直しにかかわるものが登場するため、倒幕を目指す勢力が神札を撒いたのではないかとも言われるが、そこらあたりははっきりしない。不安な世相を背景にしていたことだけは間違いない。

世の中が大きく変わることで、自分たちに利益がもたらされることを、庶民は強く願った。その願望が、「ええじゃないか」という言葉に込められ、それが世間を騒がす力を持ったのである。

Kotodama 50

凡そ世の中、ないもの尽し、多い中にも、今年のないものたんとない、
上巳《じょうし》の大雪めったにない。桜田騒動途方もない、そこでどうやらお首がない。
それに少しも追手がない、一人や二人じゃ仕方がない、お首がどこかへ失せてない、
お駕籠もあっても釣手がない、ご番所どこでも留め手がない。
茶屋小屋芝居行きてがない、唐人噺し丸でない、
道中飛脚絶え間がない、伯耆の噂も嘘でない。
それで□□恙ない。讃岐の騒ぎは知り手がない。
その外この節呼びてがない。常陸の宝蔵に宝がない。
一体親父が人でない。薩摩の助太刀わからない。
諸屋敷門に出入がない。夜中はさっぱり通りがない、
町人金持気が気でない。老中□□見っともない。
全体役人腰がない。是では世の中治まらない。
それでも先々戦争がない、どうだか私は請合わない

※□□－現存する文献で、かけている可能性がある。

「あほだら経」の「ないない尽くし」と呼ばれるものである。あほだら経の名は、「仏説あほだら経」という歌い出しから生まれた。

あほだらとは、関西地方で、あほうを強めに言うときに使われる。「あほんだら」と同じで、こちらは、やくざの脅し文句の典型である。

「あほだら経」を唱えてまわったのは、願人坊主という芸人で、家々を回る門付けで金を稼いだ。この「ないない尽くし」のなかには、「桜田騒動」という言葉が出てくるので、1860（安政7）年の桜田門外の変の直後に作られたものと考えられる。もっとも、取り上げる事柄はいくらでも変更可能なので、もっと前から唱えられていたかもしれない。「ない」という言葉が繰り返されることで、心を躍らせるようなリズムが生まれ、当時の世のあり様に憤懣やるかたない人々の欲求不満を解消してくれる役割を果たした。

江戸時代は、災害や飢饉がくり返され、富士山なども噴火した。その点では大変な時代だが、徳川幕府は安泰で、戦争は起こらなかった。それは、生産力を向上させることに結びつき、経済も大きく発展した。

ところが、江戸時代の末期、幕末の時代になると、黒船の来航などもあり、社会は激動していく。それは庶民の生活にも多大な影響を与え、社会不安が広まった。各地で、幕府と諸藩の対立が起こり、それは武力衝突にまで発展した。ふたたび戦乱の時代が訪れたのである。

「あほだら経」が人気を集めたのも、そうした時代背景があったからだ。不安が言葉になって具体的に表現されることで、人々のあいだに共有されていく。そこには、そうした事態をあほだらと下に見ることによって、不安を克服しようとする庶民の心理が働いている。

尊皇攘夷《そんのうじょうい》

これは**幕末においてもっとも力をもったスローガン**である。尊皇とは天皇を敬うことを意味し、攘夷とは海外から押し寄せてくる敵を打ち倒すという意味である。

天皇は、当初の段階では政治的な支配者だった。ところが、歴史が進むなかで、次第に実際的な権力を奪われ、公家や武家が実際の政治を担うようになっていく。

とくに江戸時代になると、幕府は天皇を京都御所に押し込め、民衆とふれあうことを禁じた。そのため、一般の民衆は、「天子様」としての天皇が存在していることは分かっていても、その実際の姿を知らず、日本の支配者であるというイメージも持たなかった。「お上」は、あくまでも江戸幕府の将軍の方だった。

それでも天皇という存在が存続したのは、武家に対して位階を授ける権限を有していたからである。江戸幕府は、自分たちの権威付けのために天皇を利用したのである。

ところが、江戸幕府を打倒しようとする勢力が生まれると、彼らは、将軍に代わって天皇を中心にした政治体制を築こうとした。それが尊皇という言葉を生むこととなった。

そこには、本居宣長をはじめとする国学者や神道家の影響も大きかった。宣長は、日本がほかの国に優れている根拠として、天皇の位が神代の昔から代々受け継がれてきたことをあげた。

尊皇の思想は日本の優位性を強調するナショナリズムにほかならない。そして、ナショナリズムであるがゆえに、外国の勢力を排撃する攘夷という考え方と強く結びついていったのである。

攘夷の必要性が強く主張されるようになるのは、1853（嘉永6）年にアメリカのペリーによる黒船来航が起こってからだった。アメリカは日本に開国を迫った。それまで海外に対して国を閉ざしてきた日本は、新たな状況に対応することを求められた。

攘夷の「夷」とは「夷狄《いてき》」のことであり、それは、中国のいわゆる「中華思想」に遡る。中国では、中国を支配する天子を世界の中心としてとらえ、その外側にある民族を、自分たちより劣っているものと見なし、夷狄としてとらえることで排撃の対象とした。

中国の影響を受け続けてきた日本は、この中華思想を受け入れ、そこから攘夷という考え方を主張するようになる。

尊皇攘夷のスローガンは、多くの人間を倒幕へと駆り立てる上で強い力を発揮したものの、明治に時代が改まることで、尊皇は実現されても、攘夷はかなわなかった。世界の情勢は、日本だけが孤立していることを許さず、「開国」への流れが生まれた。それによって、尊皇攘夷のスローガンは力を失っていく。

しかし、現代のヘイト・スピーチの根源には、この尊皇攘夷の考え方があるのかもしれない。

Kotodama 52

ご一新《いっしん》

徳川幕府が倒され、明治の新政府が誕生したことをさして、現在では、「維新」、あるいは「明治維新」と呼ばれる。

辞書を引いてみると、**ご一新は維新の古い言い方**とある。実際、明治政府に反抗して1877（明治10）年に西南戦争を起こした西郷隆盛は、終生、維新ではなくご一新という言い方をしたという。ご一新という言葉は、1867（慶応3）年12月9日に出された「王政復古の大号令」のなかに出てくる。そこでは、「民ハ王者之大宝百事御一新」と言われている。民は国家の宝であり、あらゆることが一新されるというのだ。

この部分だけをとるなら、一挙に民主主義の世の中が訪れたようにも思えてくる。だが、現実は、幕府に代わって薩長を中心とした勢力が日本を支配することになった。それでも、ご一新に対する民衆の期待は大きかった。

ただ、明治政府の方は、1870（明治3）年正月3日に出した「宣布大教詔」のなかで、「維新」という言葉を使っている。こちらは、体制ががらりと入れ替わるということではなく、新たな統治の仕組みが確立されることを意味した。

明治はじめの大変革が、ご一新から維新ととらえ直されることで、世界が一挙に変わることを願った民衆の思いは挫折を余儀なくされた。

その変化を見事に描きだしているのが、島崎藤村の『夜明け前』である。この小説は、日本では珍しい「本格小説」で、主人公のモデルは、藤村の実の父親である。父親の正樹（小説のなかでは青山半蔵）は、明治の変革に大いに期待し、政府に出仕までするのだが、夢敗れ、最後は座敷牢で精神に異常をきたし亡くなってしまう（大濱徹也「御一新から維新へ」ｗｅｂマガジン『まなびと』を参照）。

逆に言えば、ご一新という言霊は、民衆の夢をとてつもなく大きくふくらませる力を持っていたことになる。

Kotodama 53

万世一系《ばんせいいっけい》

皇統が絶えることなく続いてきたことをあらわし、これからもそれが変わらないことを表現した言葉だ。

だが、昔からこの言葉が使われてきたわけではなく、生みの親は岩倉具視である。1867（慶応3）年10月に、「王政復古議」のなかでこの言葉を用いた。

一つの王朝が古代から近代までずっと継承されているような例は、ほかの国では見られない。欧米列強と伍していかなければならなかった日本は、そこに自国の優位性を求めた。国民もそれを受け入れた。

万世一系は、たんに事実を指摘した言葉ではなく、それ以上の意味を持った。この言葉が生まれたことは、近代における天皇制のあり方を規定する役割を担った。しかし、万世一系という言葉が使われることで、万世一系でなければならないという感覚を強くした。

安定的な皇位継承が難しくなってきているなかで、打開策を見いだせない私たちは、万世一系という言霊に呪縛されているのかもしれない。

Kotodama 54 / 55 / 56

文明開化／富国強兵／殖産興業

54〜56は、**明治政府の政策についての基本的なスローガン**である。

尊皇攘夷と同様に、四字熟語であるところに特徴がある。四字熟語は中国語の影響により生まれたもので、それぞれの漢字が意味を持っているために、短い言葉でありながら、深い意味を持つことになる。

四字熟語は、昔からあるもので、「臥薪嘗胆」や「色即是空」のように、中国から来たものや、仏教に由来するものもある。ただ、四字熟語という呼び方は1980年代以降広まったもので、最近のものである。

四字熟語はすべて音読みであり、古風で、威厳を持っているように感じられる。しかも、短いながらその意味するところは意外に深い。それも、四字熟語を構成する4つの漢字にそれぞれ意味があり、それが組合されることで、新たな意味が生み出されてくるからである。その点では、四字熟語は、漢字の持つ言霊を増幅させるものだと言うことができる。

3つの熟語の関係は、「文明開化とは、殖産興業による富国強兵を目指すことである」とまとめられる。これは、江戸時代までまったくなかった発想である。庶民が国ということを考えることはなかったからだ。その点で、こうしたスローガンは、政府だけではなく、国民の発想を根本から革新したと言うことができる。

Kotodama 57

官軍・賊軍

明治政府を打ち立てようとする側は「官軍」であり、**それに抵抗し、古い江戸幕府の体制を守ろうとする側は「賊軍」**とされた。もちろん、官軍の立場に立っての二分法である。二分法は、男と女、右と左、善と悪などさまざまな形をとる。その際に重要なことは、両者が平等なものとしてとらえられるのではなく、片方が優位と見なされやすいということである。

私の宗教学の師である柳川啓一は、その事態をさして、「不均等二分」と呼んだ。**官軍と賊軍は、まさに不均等二分の代表で、官軍が優位とされた。**官軍は、「錦の御旗」を掲げて、戦いに挑んだが、それは赤地の錦に金色の日像や天照皇太神と刺繍したものだった。天照皇太神は、天皇家の祖神であり、自分たちはそうした神のもとに戦っていることを誇示することを目的としていた。

賊軍は敗れ、官軍の軍門に降ったわけだが、その後もこの二分法による差別は続いた。典型的なのは、靖國神社に祀られた祭神の場合である。この神社は最初、官軍の戦没者を祭神として祀る施設とされ、賊軍の戦没者は排除された。したがって、賊軍とされた西郷隆盛らは、今もって祀られてはいないのだ。

Kotodama 58

朕《ちん》惟《おも》フニ我《わ》カ皇祖《こうそ》皇宗《こうそう》國《くに》ヲ肇《はじ》ムルコト宏遠《こうえん》ニ徳《とく》ヲ樹《た》ツルコト深厚《しんこう》ナリ我《わ》カ臣民《しんみん》克《よ》ク忠《ちゅう》ニ克《よ》ク孝《こう》ニ億兆《おくちょう》心《こころ》ヲ一《いつ》ニシテ世々《よよ》厥《そ》ノ美《び》ヲ濟《な》セルハ此《こ》レ我《わ》カ國體《こくたい》ノ精華《せいか》ニシテ教育《きょういく》ノ淵源《えんげん》亦《また》實《じつ》ニ此《ここ》ニ存《そん》ス爾臣民《なんじしんみん》父母《ふぼ》ニ孝《こう》ニ兄弟《けいてい》ニ友《ゆう》ニ夫婦《ふうふ》相和《あいわ》シ朋友《ほうゆう》相信《あいしん》シ恭儉《きょうけん》己《おの》レヲ持《じ》シ博愛《はくあい》衆《しゅう》ニ及《およ》ホシ學《がく》ヲ修《おさ》メ業《ぎょう》ヲ習《なら》ヒ以《もっ》テ智能《ちのう》ヲ啓發《けいはつ》シ徳器《とくき》ヲ成就《じょうじゅ》シ進《すすん》テ公益《こうえき》ヲ廣《ひろ》メ世務《せいむ》ヲ開《ひら》キ常《つね》ニ國憲《こくけん》ヲ重《おもん》シ國法《こくほう》ニ遵《したが》ヒ一旦緩急《いったんかんきゅう》アレハ義勇《ぎゆう》公《こう》ニ奉《ほう》シ以《もっ》テ天壤《てんじょう》無窮《むきゅう》ノ皇運《こううん》ヲ扶翼《ふよく》スヘシ是《かく》ノ如《ごと》キハ獨《ひと》リ朕《ちん》カ忠良《ちゅうりょう》ノ臣民《しんみん》タルノミナラス又以《またもっ》テ爾祖先《なんじそせん》ノ遺風《いふう》ヲ顯彰《けんしょう》スルニ足《た》ラン

斯《こ》ノ道《みち》ハ實《じつ》ニ我《われ》カ皇祖《こうそ》皇宗《こうそう》ノ遺訓《いくん》ニシテ子孫《しそん》臣民《しんみん》ノ倶《とも》ニ遵守《じゅんしゅ》スヘキ所之《ところこれ》ヲ古今《ここん》ニ通《つう》シテ謬《あやま》ラス之《これ》ヲ中外《ちゅうがい》ニ施《ほどこ》シテ悖《もと》ラス朕爾臣民《ちんなんじしんみん》ト倶《とも》ニ拳々服膺《けんけんふくよう》シテ咸其徳《みなそのとく》ヲ一《いつ》ニセンコトヲ庶幾《こいねが》フ

明治二十三年十月三十日　御名御璽

『教育勅語』の全文である。ここでは、12の徳目が説かれている。それが、1親や祖先を敬う。2兄弟・姉妹は仲良く。3夫婦はいつも仲むつまじく。4友だちは互いに信じあう。5自分の言動はつつしむ。6全ての人に愛の手をさしのべる。7勉学に励み職業を身につける。8知識を養い才能を伸ばす。9人格の向上につとめる。10広く世の人々や社会のためになる仕事に励む。11法律や規則を守り社会の秩序に従う。12正しい勇気を持って国のため真心を尽くす。である。

こうした徳目は、日本にだけ当てはまるものではなく、普遍性を持つものだが、最後に「以テ天壌無窮ノ皇運ヲ扶翼スヘシ」という言葉があり、これは戦前において強調された天皇を神聖な存在としてとらえ、臣民と呼ばれた国民がそれを支えなければならないということを意味している。

教育勅語は、「教育ニ関スル勅語」が正式な名称だが、実際にこれが下された際には、タイトルはなかったのではないかと思われる。

勅語とは、天皇の言葉という意味である。これを明治天皇が山県有朋内閣総理大臣と芳川顕正文部大臣に与えたのは、1890(明治23)年10月30日のことだった。大日本帝国憲法が発布され、第一回帝国議会が開催されようとしていた時期にあたる。

もちろん、明治天皇自身が書いたものではなく、井上毅や元田永孚といった重臣が起草した。ここに書かれたことをもとに学校での教育は行われるべきだと指示することが、教育勅語の目的だった。

大日本帝国憲法の制定にあたって、もっとも力を尽くしたのが、その後首相になる伊藤博文である。彼はドイツとイギリスに留学して、憲法について学んできた。イギリスの場合、憲法が存在しないので、日本初の憲法を作る上で伊藤が参考にしたのはドイツの憲法だった。

伊藤は、ヨーロッパの社会においては、キリスト教という宗教が社会の基盤になっているととらえ、それに比較して、日本の場合には、宗教の力が弱く、それを社会の基盤にすることはできないと考えた。

そこで伊藤が持ち出してきたのが皇室であり、天皇だった。その結果、大日本帝国憲法は、天皇が定めた欽定《きんてい》憲法という形態を取り、条文においても、第1章で天皇の存在を規定していた。

教育勅語は、こうした大日本帝国憲法の考え方をもとに生まれたもので、天皇の臣下である国民が一致団結して、天皇の祖先神がはじめた国をもり立てていくことこそが、「国体の精華」であるとされた。

その点で、民主主義とは異なる考え方が基盤になっており、日本が戦争に敗れた後には廃止されている。教育勅語の考え方は、儒教の道徳観にもとづくものである。儒教の道徳観の中心となるのが「忠」と「孝」で、上の人間や組織に忠を尽くし、親に孝行をすることこそが重要だという考え方は、今も生きている。したがって、現在においても、教育勅語に対して共感する人たちが少なくない。そこに書かれていることは決して悪いことではないと主張する人たちが後を断たない。

その点で、教育勅語は現在でも言霊としての力を有している。だが、そのなかで重視されている「国体」は、天皇を中心とした政治体制のことで、天皇を特別な存在として崇めることは民主主義の原理と対立する。そのために、一方には、教育勅語を徹底して否定する人たちもいる。

大きな問題は、民主主義の原理にもとづく道徳観を表明する言霊が存在しないということである。

日教組は戦後、「教え子を再び戦場に送るな」をスローガンにして運動を展開した。このスローガンは、冷戦構造が深まっていった時代には、強いメッセージとして響いたかもしれないが、現代において子どもたちにどのような教育を施していくのかを考える上では役に立たない。

果たしてこれから、教育勅語を凌駕するような教育についての言霊が生まれるのかどうか。それは、日本の社会にとってかなり重要な問題である。

第7章

言霊の極み

生き物には、必ず死が最後に待ち受けている。その点では、人間が特別なわけではない。人間も、ほかの生き物と同じように最後は死んでいくことになる。

しかし、人間は言葉を持つことによって、最後に待ち受けている死のことを生きている間に予め考えるようになった。死を意識するようになったのだ。

それによって、死への恐怖を感じるようになった。ほかの動物の場合、死への恐怖を感じるのは、敵によって脅かされ、まさに命が奪われようとしているその刹那のことだろう。

だが、人間は、そうした危機にも曝されておらず、重篤な病で苦しんでいなくても、自らの死を思い、その訪れを恐れる。

したがって、「死」という言葉は特別な力を発揮することになった。その言葉は見るだけで忌まわしい。そうした感覚が生まれた。

その点で、死という言葉ほど強い言霊はない。

だからこそ宗教家は、死という言葉を突きつけてくる。死は、ただ恐れるべきことなのか。死の先には何もないのか。死を通して、新たな生への道が開かれるのではないか。そう問い掛けてくるのである。

死の先には、「再生」ということがある。インドでは、ブラフマー、ビシュヌ、シヴァという3つの神が信仰の対象になってきたが、それぞれ世界の創造、維持、そして破壊の役割を担ってきた。創造された世界は、時間を経るにつれて腐敗し、機能しなくなる。なんとかそれを維持しようとしても最後は力が尽きる。そのとき、破壊によってすべてをちゃらにしてしまう。すると、そこからまた新しい世界が生み出されていくというわけだ。

人間の死も、そこで終わりではないとされた。実際に死んでしまえば、それで終わりかもしれないが、象徴的な形で死ぬことは、人生に大きな区切りをつけることであり、そこから再生の希望が生まれる。死ぬ気になれば、どんなことも不可能ではなくなるというわけだ。

教えに殉じて死ぬことが「殉教」である。

恐ろしいのは、人を殺すことにさえ意味があるという考え方が生まれることだ。そこに死の究極的な意味を見出そうとする人々が次々と生み出されてきた。宗教には、死を意味づける論理がある。死がすべての終わりではなく、新しいもののはじまりだと説くことを、宗教はむしろ得意としてきたのだ。

そして、殉教者は、どの宗教においても信仰の対象となってきた。キリスト教やイスラム教には「聖人崇拝」の伝統があるが、殉教者がもっともその対象になりやすい。仏教でも、釈迦の前世の物語として、あえて飢えた虎の餌食になる「捨身飼虎《しゃしんしこ》」がある。これは、法隆寺の玉虫厨子に描かれている。

だが、果たして死に意味を見出すべきなのだろうか。それはどうしても問わなければならない事柄である。

死の訪れは必然であり、私たちはそのことを受け入れなければならない。「これでいいのだ。」という天才バカボンの父の口癖は、言霊について考え尽くしていったとき、底知れない重要性を帯びて、私たちの前に立ち現れてくるのである。

Kotodama 59

一粒の麦、地に落ちて死なずば、唯一つにて在らん、もし死なば、多くの果を結ぶべし。

文語訳新約聖書『ヨハネ伝福音書』12章24節にある有名な言葉である。

この言葉を発したのはイエス・キリストである。イエスは、やがて十字架に掛けられて殺されることになる。この言葉は、それを予言したかのようだ。イエスは自らの死によって多くの人を救う。それを宣言したものと考えられるのである。

初期のキリスト教は、ローマ帝国から迫害を受けた。したがって、その時代には多くの殉教者を出した。殉教者はむざむざ無意味な死を遂げたわけではない。イエス・キリストを信じるようになった人々はそう考えた。イエスと同じように自らが死ぬことによって他者を、さらには世界を救済する。殉教こそが、信者の究極の勤めである。そのようにさえ考えられたのである。

この言葉は、死は敗北ではないことを教える。むしろそれは信仰上の勝利なのである。

Kotodama 60

不《ふ》惜《しゃく》身《しん》命《みょう》

『法華経』に見られる言葉である。『法華経』の「勧持品第十三」には、「この経を読誦し、持ち、説き、書写して、種種に供養し、身命をも惜しまざるべし（坂本幸男・岩本裕訳注『法華経』中、岩波文庫）」と説かれている。

この言葉を広く知らしめたのは、人気力士だった貴乃花が横綱に推挙されたとき、返礼の口上でふれたからである。

『法華経』は、日本の仏教においては極めて重要なお経で、信仰者からは「諸経の王」とまで言われた。それも、すべての衆生が救われることを力強く宣言しているからである。

『法華経』にこそ釈迦の真実の教えが説かれているとした鎌倉時代の日蓮は、二度も流罪にあうなど、数々の法難を経験した。不惜身命という言葉は、そうした日蓮の生涯と重ね合わされ、よりいっそう重要なものと見なされてきたのだ。

Kotodama 61

死なう、死なう、死なう

この奇妙なかけ声は、不惜身命と関係する。

1933（昭和8）年7月2日、江川桜堂が創立した**「日蓮宗殉教衆青年党」のメンバー**は、横浜市杉田の梅林を出発し、鎌倉の鶴岡八幡宮まで行進した。その際、「南無妙法蓮華経」の題目を唱えるとともに、「死なう」を連呼した。そのため、この集団は**「死なう団」**と呼ばれた。

死なう団のメンバーは、奇妙な行動をとったため、その日のうちに逗子で神奈川県警によって検挙されてしまう。

その年のはじめ、青年党の前身となった「日蓮会青年部」は、次のような宣言を行った。

宣言
我が祖国の為めに、死なう！！！
我が主義の為めに、死なう！！！
我が宗教の為めに、死なう！！！
我が盟主の為めに、死なう！！！
我が同志の為めに、死なう！！！
　日蓮会青年部　（原文ママ）

この宣言の背景には『法華経』で説かれる不惜身命の教えがある。死なう団は、死ぬことを自己目的化し、その後も、集団で餓死を目指すなど奇妙な行動を続ける。

私がはじめて死なう団のことを知ったのは、埴谷雄高の難解で哲学的な小説『死霊』を通してだった。そこに登場する首猛夫は、死を絶対化し、死なう団を組織する。

死なう団！

なんと奇妙で、底知れない闇を抱えた名称ではないか。

Kotodama 62

一人一殺《いちにんいっさつ》

戦前において、日蓮信仰にもとづいて要人のテロを行った**「血盟団」の中心的な人物、井上日召の言葉**である。血盟団のメンバーは、1932（昭和7）年2月から3月にかけて、元大蔵大臣で民政党の幹事長だった井上準之助と、三井財閥の総帥である団琢磨を暗殺した。

死なう団の行進は、その直後のことで、血盟団のことがあるからこそ彼らはすぐに警察によって検挙されたのだ。

一人一殺とは、個々のメンバーが一人ずつ暗殺するターゲットを定め、それを実行することを意味した。一人の人間が要人一人を殺すことで、国家改造への道が開かれるというのが、血盟団の暗殺の論理だった。社会を好ましくない方向にむかわせている要人を暗殺することは、正義にほかならないというわけである。

井上は、日蓮宗の僧侶と紹介されることが多いが、実際には、日蓮宗の僧籍はもっていなかった。井上は、茨城県磯浜町大洗の近くに自ら小さな堂を建て、そこで題目を唱えたり、周辺の人々に対して加持祈禱を行っていた。

そこに、国家の革新を考える過激な海軍の青年将校たちが集まってくるようになる。その代表となった藤井斉という将校は、「一刻も早く吾々殉国の志士が起つて改造を断行せねばならん」と言い、海軍の青年将校が起爆薬となって「爆死」することを主張した。最初井上はより穏健な方法を考えていたが、藤井の熱意に押され、井上もこうした考え方を受け入れるようになる。それが要人の暗殺に結びついた。

井上は、一人一殺とともに、「一殺多生《いっさつたしょう》」というスローガンを掲げた。一人を殺すことで多くの人間が生かされるというわけで、要人の暗殺が社会を救うことに結びつくとしたのである。

その根底にも、『法華経』で説かれた不惜身命の教えがある。あるいは、「一粒の麦、地に落ちて死なずば、唯一つにて在らん、もし死なば、多くの果を結ぶべし」というイエスの教えも影響を与えていたように思える。

明治になって布教が許されるようになったキリスト教は、必ずしも多くの信者を獲得したわけではない。だが、知識人層には大きな影響を与えた。宗教の世界も、キリスト教の存在を絶えず意識していなければならなくなったのだ。

Kotodama 63

雨ニモマケズ
風ニモマケズ
雪ニモ夏ノ暑サニモマケヌ
丈夫ナカラダヲモチ
慾ハナク
決シテ瞋《いか》ラズ
イツモシヅカニワラッテヰル
一日ニ玄米四合ト
味噌ト少シノ野菜ヲタベ
アラユルコトヲ
ジブンヲカンジョウニ入レズニ
ヨクミキキシワカリ
ソシテワスレズ
野原ノ松ノ林ノ蔭ノ

小サナ萱《かや》ブキノ小屋ニヰテ
東ニ病気ノコドモアレバ
行ッテ看病シテヤリ
西ニツカレタ母アレバ
行ッテソノ稲ノ束ヲ負ヒ
南ニ死ニサウナ人アレバ
行ッテコハガラナクテモイヽトイヒ
北ニケンクヮヤソショウガアレバ
ツマラナイカラヤメロトイヒ
ヒドリノトキハナミダヲナガシ
サムサノナツハオロオロアルキ
ミンナニデクノボートヨバレ
ホメラレモセズ
クニモサレズ
サウイフモノニ
ワタシハナリタイ

詩人で童話作家だった宮沢賢治の有名な詩であり、代表作である。

今でこそ、宮沢賢治の存在はよく知られ、彼を愛する人は少なくない。

だが、生前の賢治はほとんど無名の存在で、広く知られるようになるのは死後のことである。この詩も、遺品のなかから発見された。

今では広く読まれている彼の童話にしても、ほとんどは未完で、完成度が低いものが少なくない。

ただ、言葉を選び出す詩人としての感性は抜群であった。この「雨ニモマケズ」はその代表だろう。賢治は、言霊を操る近代の天才だった。

敗戦後の1947（昭和22）年、「雨ニモマケズ」は文部省の国定教科書に採用された。当時の日本は、GHQによる占領下にあり、その一部門である民間情報教育局は、「雨ニモマケズ」の採用を一旦却下している。

理由は、食糧事情が悪いなかで、「玄米四合」というのは多すぎるというものだった。

したがって、教科書では「玄米三合」と直された。

賢治が亡くなったのは、「死なう団」の事件が起こった直後の1933（昭和8）年9月21日のことだった。もし賢治がそのときには亡くならず、「雨ニモマケズ」が教科書に採用されるのを見たら、そこで行われた訂正に驚いたかもしれない。玄米のことではない。彼にとって詩のうち極めて重要な箇所が省かれているからである。遺品となった手帳に記された「雨ニモマケズ」の終わりには、次のように記されていた。

南無無辺行菩薩
南無上行菩薩
南無多宝如来
南無妙法蓮華経
南無釈迦牟尼仏
南無浄行菩薩
南無安立行菩薩

これは、『法華経』にこそ釈迦の真実の教えが説かれていることを強調した日蓮が描いた「本尊曼陀羅（法華曼陀羅とも言う）」のうち、その中心的な部分を書き写したものである。

賢治は、生涯にわたって『法華経』に対する篤い信仰を持っていた。しかも、「八紘一宇《はっこういちう》」という言葉を作った田中智学の「国柱会」の会員でもあった。一時は、東京に出てきて、国柱会の活動を手伝ったりしていた。亡くなるときにも、父親に対して『法華経』を千部印刷して、周囲に配ってくれるよう遺言している。

賢治が目指したのは「法華文学」であった。『法華経』に説かれた教えを文学として表現するということである。

「雨ニモマケズ」に登場する「デクノボー」も、『法華経』の「常不軽菩薩品第二十」に登場する「不軽菩薩」がモデルになっている。「雨ニモマケズ」の記された手帳には、不軽菩薩についての詩も載せられていた。

不軽菩薩（『法華経』では常不軽菩薩）は、「私はあなた方を尊敬して決して軽くみることはしない。あなた方はみな修行して仏陀となる人々だから」と説き続けた菩薩である。

しかも、不軽菩薩は、たとえ迫害を受けても、その姿勢を変えず、同じ言葉を説き続けた。まさに不惜身命を実践したのである。

そうした賢治の考え方からすれば、最後の部分を削ることは、あり得ないことである。だが、後世の人間たち、とくに賢治を研究する文学者は、彼がそうした信仰を持ち続けたことには共感できなかったのか、「雨ニモマケズ」を紹介するときには、最後の部分を省き続けてきた。

もし、賢治がもう少し長生きすることができ、それにつれて詩人としての名声が確立していったとしたら、どうなっていただろうか。

賢治の亡くなる2年前の1931（昭和6）年には、すでに「満州事変」が勃発している。満州事変は関東軍が引き起こしたものだったが、その首謀者となったのは、賢治と同じように国柱会の会員だった石原莞爾である。そして、賢治の死後には、それが「日中戦争（当時は支那事変）」に発展し、1941（昭和16）年には「太平洋戦争（大東亜戦争）」に突入した。

そのときに賢治の存在が知られるようになっていたら、「雨ニモマケズ」は、戦時下の国民に耐乏生活を実践させるスローガン的な役割を担わされていたかもしれない。賢治自身も、日本が戦争に勝利することを強く願い、国民を鼓舞するような詩や物語を書くようになっていたのではないだろうか。彼の信奉する『法華経』が不惜身命を説く以上、賢治は戦争に勝利するために自らの命をも捧げることを国民に強いるための言霊を発し続けたに違いない。

そうなれば、戦後の賢治に対する評価も大きく変わってきたことだろう。賢治が戦争の時代にまで生き続けられなかったことは、彼にとって不幸なことだったのか、それとも幸福なことだったのか。それはかなり難しい問題である。

Kotodama 64

仏に逢うては仏を殺し、祖に逢うては祖を殺せ（『臨済録』示衆）

『臨済録』は、中国の唐の時代の禅僧で、**臨済宗を開いた臨済義玄の言行録**である。

これは、**「殺仏殺祖《さつぶつさつそ》」**とも言われるが、悟りを開くためには、仏や自らの師という存在を抹殺しなければならないというわけである。

禅の師匠である老師から、この教えを突きつけられたとしたら、弟子はどうしたらいいのだろうか。

こころのなかで殺したと答えても、老師は、それではだめだ、本当に殺してみろと迫ってくるに違いない。

仏教は、キリスト教やイスラム教といった一神教に比べたとき、こころの平安を求める穏やかな宗教と見なされている。とくに坐禅を中心とした禅は精神的な修行であり、暴力とは無縁であると考えられている。

だが、究極の悟りを目指すという行為は、ときに過酷な修行に結びつく。臨済宗とともに日本を代表する禅宗である曹洞宗の開祖、道元は、宋の時代の中国に渡り、如浄という中国人の禅僧について学ぶが、この如浄は、坐禅をしているうちに眠ってしまった弟子を、草履でしたたかに打ちつけるなど、かなり過激な手段をとった人物である。

道元は如浄に影響を受け、曹洞宗の根本道場として永平寺を建てた。永平寺では、今日でも相当に厳しい修行が実践されているが、先輩が入ってきたばかりの後輩に作法を身につけさせるために殴ったりするとされる。

殺仏殺祖の教えは、そうした禅の道場の厳しい修行と深く結びついている。暴力を肯定する如浄は間違っている。簡単にはそう言えないところに、宗教の世界の難しさがある。

Kotodama 65

これでいいのだ。

赤塚不二夫の漫画『天才バカボン』の主人公バカボンのパパの口癖である。

一見すると、宗教の世界とはまったく関係がなく、言霊など宿っていないように見える。なにしろ、ギャグ漫画の台詞だからである。

しかし、この言葉が、お寺の掲示板に掲げられていることがある。

ほとんどは浄土真宗のお寺のようだが、私は、築地本願寺に掲げられていたのを見たことがある。築地本願寺の影響で、ほかの浄土真宗の寺院が掲げるようになったのかもしれない。

「これでいいのだ。」という言葉は、あらゆる事柄、あらゆる出来事を肯定するものである。良いことはもちろん、悪いことが起こっても、それはしかるべくして起こったことで、否定されるべきものではないというわけだ。

イスラム教は、信仰の対象のなかに、「定命」というものを含んでいる。これは、この世に起こることはすべて神が計画したことで、そこには意味があるという考え方である。神が定めたことなので、人はそれを嘆くのではなく、受け入れなければならないということになる。

「これでいいのだ。」は、この定命の考え方にも通じているが、日本仏教の究極の教えとも深くかかわる。だからこそ、お寺の掲示板にまで掲げられるのだ。

浄土真宗の宗祖である親鸞は、比叡山で学んだ。比叡山は天台宗の総本山で、最澄が開いたものである。最澄は、不惜身命が説かれた『法華経』を重視し、それを説く天台宗の教えを唐にわたって学んだ。日蓮が『法華経』に釈迦の究極の教えが示されていると考えたのも、最澄に従ったからだ。

中世の天台宗においては、今日「天台本覚思想」と呼ばれる考え方が支配的になっていった。それは、「あるがままのこの具体的な現象世界をそのまま悟りの世界として肯定する思想」（末木文美士『日本仏教史』新潮文庫）のことである。

そこには、『法華経』の説く、あらゆる衆生は仏になる種である仏性を宿しているという教えがあるわけだが、日本に土着のアニミズム的な信仰の影響もあった。アニミズムにおいては、あらゆる存在に霊魂が宿っているととらえる。そこからは、「草木成仏」という考え方が生み出された。こころというものを持たない草木でさえ、そのまま仏になることができるというのである。

親鸞は、六角堂で聖徳太子、ないしは救世菩薩の示現に接し、それを契機に比叡山を下り、法然のもとへ向かう。そして、浄土教信仰を究め、それを広めていくことを目指すが、比叡山にいた間は、天台の教えを学んでいたはずだ。

その後、浄土真宗において、親鸞の後を継いだ代々の法主は、いったん天台宗の門跡寺院である青蓮院で出家得度し、天台の教えを学んだ。その後、青蓮院の末寺になっていた本願寺を継ぎ、親鸞と同じように妻帯し、後継者を作っていったのだ。

親鸞の教えの中心には「他力本願」がある。これは、浄土真宗で信仰の対象となる阿弥陀仏が、法蔵菩薩という名前で修行を続けていたときに、すべての衆生を救うと誓っている以上、往生は間違いないとする教えである。すでに救われているのだから、修行などは必要ないというわけだ。**修行を不要とする考え方は、「これでいいのだ。」の精神と結びついていく。**しかも、天台本覚思想の影響は、日本の仏教界全体に及び、親鸞以外にも多くの宗教家がその影響を受けた。なかには、厳しい修行に勤しむ人間たちも現れたが、根本は天台本覚思想であり、すべての衆生は救われるというのが、日本仏教の根本思想である。

「これでいいのだ。」

そこに、日本の言霊の究極の姿を見ることができるのではないだろうか。

第8章

番外編 ～昭和の言霊～

昭和は言霊の時代だった。

なぜなのか。

それは、音声を伴ったメディアが発展し、広く普及した時代だったからである。

昭和のメディアと言えばラジオでありテレビだ。

日本でラジオ放送が開始されたのは１９２５（大正14）年３月22日のことだった。

ラジオ放送がはじまったからといって、急にそれが普及したわけではない。最初は放送の出力が弱く、東京市内（現在の東京23区）でないとよく聞こえなかった。受信器の性能もよくなかった。

しかし、ラジオは画期的なメディアであり、速報性に優れているだけではなく、音楽や落語をはじめとする大衆演劇、歌舞伎、相撲や野球などの中継が可能で、それが庶民のこころをとらえ、受信器も普及した。

戦後になるとテレビが登場し、驚異的なスピードで各家庭に普及していった。テレビの受信器は相当に高価なものであったにもかかわらず、庶民は月賦を払ってでも、テレビ受信器を購入した。

１９５９（昭和34）年の皇太子の「ご成婚」がテレビの普及に大きく貢献したが、その時点ではまだ白黒放送だった。カラーの普及を促進させたのが１９６４（昭和39）年の東京オリンピックである。

ラジオにしても、テレビにしても、リスナーや視聴者の数は膨大なものとなる。とくに注目度が高い番組になれば、ほとんどの人間がそれを聴いている、あるいは見ているという状況が生まれた。それは知識の共有を迅速で広範囲なものとすることに結びついた。これは、かつてない事態だ。

戦前の１９３４（昭和９）年には、仏教の聖典について講義するラジオ番組が急に人気を博したりした。職場に行くと、皆、その番組を聴いていて、こぞってそれを話題にするという人気ぶりだったらしい（坂本慎一『戦前のラジオ放送と松下幸之助』ＰＨＰ研究所）。

戦後になると、テレビ番組のなかに、高視聴率を獲得するものが生まれた。これまでもっとも視聴率が高かったのが1963（昭和38）年の大晦日に放送された『紅白歌合戦』で、視聴率はなんと81・4パーセントにも達した。このとき、ほとんどの家が同じ番組を見ていたことになる。小学生だった私もきっと見ていたはずだ。

ほかにも、東京オリンピックの女子バレー決勝戦、力道山とデストロイヤーのプロレス中継、ファイティング原田のボクシング世界タイトルマッチ、あるいは、サッカーのワールドカップ日本戦などのスポーツ中継が60パーセント台の高視聴率を獲得した。

1983（昭和58）年の朝のテレビ小説『おしん』も平均で52・6パーセントを記録している。

一つの番組が驚異的な視聴率を獲得するということは、多くの人が共通の体験をするということである。しかもテレビの場合には、出来事が起こった、あるいは起こりつつある現場の状況を生で伝えることができる。

さらに、衛星中継の技術が発達することで、一つの国の人間だけではなく、世界中の国の人間が、同じ番組を見ているという状況も生まれた。オリンピックやワールドカップといったスポーツ中継もそうだが、重大な事件も世界中に同時中継される。

記憶に強く残っているのは、連合赤軍の浅間山荘事件だ。このときは、人質がいたこともあり、民放でも、コマーシャルを入れずに放送した。私は、大学の受験前だったが、テレビの画面に見入ってしまった。

体験が共有されるということは、その場面で使われた言葉が力を持ち、その後にも影響していくことを意味する。

だからこそ、メディアの時代はいくつもの強力な言霊を生んでいくことになったのだ。的確な言葉が生み出され、広く使われることで、状況は変わっていくのである。

Kotodama 66

非国民

戦時標語に反するような振る舞いをした、あるいは振る舞いをしているように思われた人間に対して投げつけられたのが、「非国民」という言葉である。

非国民という言葉は、簡潔でありながら、意味が必ずしも明確でないために、それを投げつけられた人々を強く恐れさせた。

非国民という言葉を投げつけられたくないために、別の相手に対してそれを積極的に使う人たちも現れた。非国民だと相手を言い募ることは、自らが立派な国民であることを表明することにつながる。そうした快感を与えるところに、非国民という言葉の危険な魅力があった。それは、今日の「ヘイトスピーチ」に通じている。

Kotodama 67 / 68 / 69

欲しがりません勝つまでは／ぜいたくは敵だ／足らぬ足らぬは工夫が足らぬ

1937（昭和12）年、第一次近衛内閣は「国民総動員」政策をとった。日本が一連の対外戦争に打って出たのは、経済が苦しかったからで、戦争が続くことは、そうした状況をさらに悪化させた。

そのなかで、節約を強いるこうした**戦時標語**が生まれた。国が定めたスローガンなど、一般には国民は見向きもしないはずだが、こうした言葉が、**自分の気に入らない人間をやりこめるために格好の武器**となったため、社会に浸透していった。

その後、戦争に敗れた日本は復興をとげ、敗戦から10年が経とうとしていた時点で、高度経済成長の時代に突き進んでいった。好況が訪れれば、誰もがさまざまなものを欲しがる。結果は、「欲しがりません負けるまでは」になってしまったわけで、なんとも皮肉なことである。

Kotodama 70

鬼畜米英

昭和が言霊の時代なのは、もう一つ戦争ということがあったからだ。山岳部を転々とした連合赤軍のメンバーのように、戦争の時代の日本は次第に追い詰められていった。そうした状況のなかでは、**敵を徹底的に侮り、嘲るような言葉**が言霊となっていく。

実際には、鬼畜米英よりも「米鬼」という言葉の方が多く使われたらしい。最初はインドシナ半島でイギリスが敵になっていたものの、次第に敵はアメリカに絞られていったからである。

戦争がはじまるまでの日本は、資源の面でアメリカに依存していた。そうした状況のなかで戦争を仕掛けることは無謀なこととしか言いようがないが、日本はその無謀な戦争に突き進んでいった。

敵を鬼や畜生に譬えるのは、それだけ相手を恐れているからでもある。余裕があれば、そんな言葉は使わない。鬼畜米英と言い出したところで、すでに日本は戦争に敗れていたのだ。

Kotodama 71

ギブミーチョコレート

戦争に敗れた日本は連合国軍によって占領された。当時、占領軍は進駐軍と呼ばれた。少し前までは鬼畜米英と蔑んでいたアメリカ軍の兵士に対して、日本の子どもたちは、「ギブミーチョコレート」とチョコレートをせがんだ。それは、**占領下にある日本の状況を象徴的に示す言葉**だった。

Kotodama 72

詔書《しょうしょ》　國体はゴジされたぞ　朕はタラフク食ってるぞ　ナンジ人民　飢えて死ね　ギョメイギョジ

1946（昭和21）年5月19日に行われた、いわゆる**「米よこせメーデー」**で、**田中精機工業という会社の社員が掲げたプラカードに書かれた言葉**である。

その社員は日本共産党の党員で、不敬罪で逮捕された。天皇などに対する不敬の行為を罰する不敬罪は、さすがに適用されなかったが、社員は天皇に対する名誉毀損で有罪となった（その後、日本国憲法公布にともなう大赦令で免訴となった）。

詔書とは、天皇の言葉を示した公文書のことで、ここでは具体的に玉音放送で読み上げられた終戦の詔書をさす。

國体は天皇を中心とした政治体制のことで、敗戦によってそれが護持されたかどうかが問題になった。朕は、天皇が自らを呼ぶときに使われ、それと対比される人民は、共産党などが使う用語である。ギョメイギョジは、詔書や法令の最後に用いられる天皇の署名と印章である「御名御璽」のことをさす。

当時の天皇がたらふく食べていたかどうかは不明だが、食糧難にあえぐ国民からすれば、プラカードに書かれた言葉は、自分たちの気持ちを率直に表現したものとして受けとられた。今ふりかえると、なかなか巧みな表現である。

Kotodama 73 / 74

異議なし／ナンセンス

新左翼特有の言葉として、もっとも頻繁に使われたのが、「異議なし」と「ナンセンス」である。肯定と否定ということになるが、異議なしは強く同意するという意味が込められており、ナンセンスの方にはたんに否定するだけではなく、それが理不尽だと抗議するニュアンスが込められていた。

新左翼の各セクトでは、集会を開き、その際に、アジ演説が行われた。演説は政治活動の原点とも言えるものだが、新左翼のアジ演説は攻撃的であるだけではなく、難解な用語を使うところに特徴があった。大学生が多かったからだ。

私にとって強く印象に残っているアジ演説が、東大全共闘の議長・山本義隆によるものだった。そのアジ演説は、こういう人間こそが東大全共闘を引っ張っているのだと納得させるものだった。高校生にとっては、素直に格好いいと思わせるものでもあった。

アジ演説が行われたとき、聴衆となったセクトのメンバーは、賛同の意思を示すために、「異議なし」という声を上げた。逆に、複数のセクトが集まった集会では、敵対するセクトの演説には、「ナンセンス」で答えた。これは、浄土真宗の節談説教の受け念仏に似ている。当時は、世界的に学生運動が盛んになったが、こうしたことは日本特有だろう。似たものをあげれば、中国の文化大革命の際の「造反有理」がある。

Kotodama 75

安保反対

「安保反対」は、**1959年から60年にかけて安保闘争が盛り上がったときのスローガン**である。国会前のデモに参加した人々は、口々にこの言葉を叫んだ。

安保とは日米安全保障条約のことである。最初、安保条約は1952(昭和27)年に発効したが、1960(昭和35)年に大幅な改正が行われた。安保条約と言ったときには、改正された条約の方をさし、それ以前のものは旧安保条約と呼ばれる。安保条約の正式な名称は「日本国とアメリカ合衆国との間の相互協力及び安全保障条約」であり、日本の防衛を自衛隊と在日米軍が共同して担うという内容である。

この条約が、「安保」という形で、たった二字に省略されたことの意味は大きい。そこに日本語の特徴が示されているわけで、安保と略されることで、誰もが口にできる「安保反対」という強力なスローガンが生み出されることとなった。

「日本国とアメリカ合衆国との間の相互協力及び安全保障条約反対」では、どうしても盛り上がらない。安保反対のための闘争、安保闘争が盛り上がりを見せたのは1960(昭和35)年のことだった。私は幼稚園の年長組から小学校に入学したての時期だった。闘争の矢面に立った当時の総理大臣、岸信介の紙人形を作ったという記憶がある。すでに我が家にはテレビが入っていて、ニュースが安保闘争を伝えていたからだろう。

Kotodama 76

安保粉砕

安保条約は期限が10年と定められており、それ以降はどちらかの国が宣言すれば、破棄が可能になった。そのため、10年後の1970（昭和45）年には、ふたたび安保闘争が起こる。

このときに闘争の主体になったのは、**「新左翼」と呼ばれるセクト**だった。当時はいくつものセクトが存在し、セクトのメンバーとして活動する若者も少なくなかった。私は高校生だったが、クラスメイトのなかには、セクトの高校生組織に属している人間たちもいた。今では考えられないだろうが、彼らは高校の学内で集会を開いていた。

新左翼は、旧左翼である共産党や社会党に対して批判的で、**旧左翼の路線は生ぬるいと批判**した。その分過激で、ゲリラ的な爆弾闘争なども展開した。それを反映して、使う言葉も過激なものが多かった。

彼らは、**安保反対では物足らないと、「安保粉砕」を叫んだ。**ただ、言葉が過激になるということは、その言葉を使う人間を限定することにもなり、70年安保闘争は60年安保闘争に比べて盛り上がりに欠けた。セクトは社会から孤立し、お互いの間で殺し合いをする内ゲバの方向にむかった。

安保反対には強力な言霊が宿ったが、安保粉砕には、その言葉を叫ぶ人間たちが期待したほど言霊は宿らなかったということかもしれない。

Kotodama 77

総括

総括という言葉には、全体を総合して取りまとめることといった意味がある。

ところが、これが「大衆運動の総括」といった使われ方をすると、そのニュアンスは変化していく。たんに反省をするだけではなく、反省しなければならない人間に態度の変化を迫る言葉となるからである。そうした意味で**総括という言葉を使い、重大な問題を引き起こしたのが、新左翼のセクトの一つ、連合赤軍**である。連合赤軍は、浅間山荘事件や日本航空のよど号のハイジャックを引き起こして世間を騒がせたが、内部ではメンバー同士による陰惨なリンチ事件を起こした。連合赤軍のメンバーは、警察の手を逃れて山梨県や群馬県の山岳部を転々と移動した。彼らは追い詰められた状況にあり、リーダーの森恒夫は、メンバーに対して「共産主義化」を迫った。それは、服装や生活態度に及び、まだ共産主義化が十分でないとされたメンバーは、総括することを求められた。その際に、ほかのメンバーから暴力が加えられ、最終的に犠牲者は12名にのぼった。なかには、死刑宣告を受け、アイスピックやナイフで殺害された者もいた。共産主義化にしても、総括にしても、それが具体的にどういったことを意味しているか、はっきりしなかった。言葉というものは、何らかの意味を持つものだが、この二つの言葉に意味があったのかどうかも定かではない。言葉が明確な意味を持たず、空洞であるところに、問題の根本があったのかもしれない。メンバーはその空洞を満たすために、暴力という手応えのある手段を受け入れてしまったのだ。

Kotodama 78

24時間戦えますか

昭和の終わり、1980年代後半はバブル経済の時代だった。

その最中、**1989（昭和64／平成元）年の流行語**になったのが「24時間戦えますか」で、これは、**栄養ドリンクのリゲインのCMで使われたもの**だった。

人間は24時間戦えるものではない。だが、当時の時代風潮では、そこまでの姿勢をとらなければ、時代を生き抜き、その頂点に立つことはできないと考えられた。

戦争にしても、学生運動・政治運動にしても、そしてバブルにしても、それは、人々を戦いに駆り立てるものであり、それが昭和という時代の大きな特徴であった。

戦いの時代には勇ましい言葉が行き交い、そうした言葉は言霊となって人々を鼓舞した。そうした言霊を宿す言葉が生み出されなかったとしたら、状況は大きく変わっていたかもしれないのだ。

あとがき

私たちは日々の暮らしのなかで、言葉というものがいかに大きな力を及ぼすかを感じている。人から言われたことが、それが真実であるかどうかはともかく、ひどく気になり、それで激しく落ち込んだりすることがある。

逆に、何気ない一言が、それまでの鬱々とした気分を一掃し、人生の先に明るい未来の訪れを感じさせることもある。

人は言葉の動物である。

この本では、宗教の世界を中心に、強い力を持つ言葉について紹介してきた。言葉に力がある、つまりは言霊が宿っているというのが、宗教の基本的な認識であり、とくにそれは、日本の宗教の世界に当てはまる。「はじめに」でも述べたように、そこには私たちが漢字という文字を使っていることの影響が大きい。漢字は中国から伝えられたものだが、私たちはそれをそのまま使うだけではなく、仮名を生み出した。漢字を使いこなすことは大変だと感じつつも、今日までそれを捨てることがなかった。漢字自体に言霊が宿っている。その感覚があるからこそ、こうした状態が生まれたに違いない。

漢字のない世界を想像してみることも難しい。漢字がなかったとしたら、私たちは仮名だけで文章を書き、コミュニケーションをはかっていくことになる。それは、お隣の韓国でハングルが使われている状況と似ている。仮名を覚えるのは、漢字を覚えるのに比べてはるかに易しい。だが、漢字がなかったら、私たちがこれまで行ってきた人間同士の交わりも、かなり違ったものになっていくであろう。

漢字に言霊が宿っていると考えるのは、私たち日本人だけではない。漢字と無縁な世界に生きている海外の人たちも、漢字には魅力を感じている。だからこそ、漢字のプリントされたTシャツを身にまとい、タトゥーに入れたりもする。意味は分からないにしても、どこか格好いい。その感覚があるからこそ、漢字は世界にも広まった。

こうした漢字をもとに作られた言霊の世界を追うことによって、私たちは、日本の宗教の世界がどのような形で成り立っていて、どういった特徴を持っているかをかなり詳しく知ることができたのではないだろうか。それは、宗教の世界だけに留まらない。歴史のなかで威力を発揮してきた特徴的な言葉の数々は、宗教と無縁なものでも、やはり言霊を宿している。

私たちは、これからも、さまざまな言霊とともに生きていくことになる。新しい言霊が次々に生み出されていくことだろう。流行語と言われる言葉なども、その一つである。

だが、その一方で、古くから伝えられてきた言霊も、依然として私たちの生活に影響を与えていくはずだ。そうした言葉の意味はどういうものなのか。そこにどういう由来があるのか。それを知る作業は、相当に興味深いものになるはずだ。この本が、そうした作業の一助になることを願っている。

２０２３年３月２日
島田裕巳

島田 裕巳（しまだ ひろみ）

作家、宗教学者、東京女子大学・東京通信大学非常勤講師
東京大学大学院人文科学研究科博士課程修了。放送教育開発センター助教授、日本女子大学教授、東京大学先端科学技術研究センター特任研究員などを歴任。代表作である『葬式は、要らない』（幻冬社）は30万部のベストセラーに。その他、『新宗教 戦後政争史』（朝日新聞出版）、『創価学会』（新潮社）、『創価学会は復活する!?』（ビジネス社）、『護符図鑑』（小社刊）など、著作は多数。

世界を作り 歴史を変え 人を動かす
言霊学

2023年5月19日　第一版　第一刷

著　　　者　島田 裕巳

発　行　人　西 宏祐
発　行　所　株式会社ビオ・マガジン
〒141-0031　東京都品川区西五反田8-11-21
五反田TRビル1F
TEL:03-5436-9204　FAX:03-5436-9209
https://www.biomagazine.jp/

イ ラ ス ト　チビチョコ・バブレモンズ
編　　　集　染矢 真帆
編 集 協 力　齋藤 温子
校　　　正　株式会社 ぷれす
デザイン・DTP　前原 美奈子
印 刷・製 本　株式会社シナノパブリッシングプレス

ISBN978-4-86588-129-5 C0039